KLASSIKER

DR. OETKER

VERLAG

SEIT 1891

# PIZZA, QUICHE & CO

Pikant & köstlich

Meine Lieblings-rezepte

# DIE DR. OETKER GELING-GARANTIE

UNSER VERSPRECHEN

Liebe Leser*innen,

mit den Rezepten in unseren Koch- und Backbüchern möchten wir Sie und Ihre Lieben glücklich machen. Zum Glück braucht es den Erfolg, und den kaufen Sie mit jedem Dr. Oetker Buch gleich mit.

Dafür gibt es die Dr. Oetker Geling-Garantie. Sie ist unser Versprechen, dass alle Rezepte aus diesem Buch ganz einfach und sicher gelingen. Die Geling-Garantie startet schon bei der Zutatenliste: Alle Zutaten, die wir verwenden, sollten Sie leicht in Ihrem Supermarkt vor Ort einkaufen können. Jeder Zubereitungsschritt ist klar und einfach nachvollziehbar.

Eine Garantie können wir Ihnen aber auch deshalb mit gutem Gewissen geben, weil alle Rezepte dieses Buches von unserem erfahrenen Team entwickelt wurden. Anschließend haben wir jedes Gericht in einer ganz normalen Küche nachgekocht oder nachgebacken. Immer wieder. So lange, bis wir uns sicher waren, dass es gelingt. Und zwar auch bei Ihnen zu Hause.

Was wir versprechen, halten wir auch. Sollte beim Kochen oder Backen eines unserer Rezepte dennoch etwas danebengehen oder Ihnen einfach nicht schmecken, dann lassen Sie es uns wissen. Schreiben Sie oder rufen Sie uns an! Wir werden das Rezept nochmals kritisch prüfen und Ihnen helfen herauszufinden, woran es gelegen haben könnte. Sie erreichen uns unter der Telefonnummer +49(0)89/54825 15-0. Oder schreiben Sie uns eine E-Mail unter: redaktion-oetker@zsverlag.de

Natürlich freuen wir uns aber auch über weitere Rückmeldungen und über Lob. Ihre Ideen, Kommentare und Fragen können Sie jederzeit auch über Facebook posten: www.facebook.com/Dr.OetkerVerlag. Wir sind für Sie da. Garantiert.

Mit herzlichen Grüßen
Ihre Dr. Oetker Redaktion

# ALLGEMEINE HINWEISE ZU DEN REZEPTEN

### Unser Tipp

Lesen Sie bitte vor der Zubereitung – besser noch vor dem Einkauf – das Rezept einmal vollständig durch. Oft werden Arbeitsabläufe oder -zusammenhänge dann klarer.

### Arbeitsschritte

Die Zutaten sind in der Reihenfolge ihrer Verarbeitung aufgeführt. Die Arbeitsschritte sind einzeln hervorgehoben, in der Reihenfolge, in der sie von uns ausprobiert wurden.

### Zubereitungszeiten

Die angegebene Zubereitungszeit schließt die Dauer der Vorbereitung und die eigentliche Zubereitung mit ein. Sie ist ein Anhaltswert und kann je nach individuellem Geschick oder Übung natürlich ein wenig variieren. Längere Wartezeiten wie zum Beispiel Kühl- oder Abkühlzeiten oder auch Auftauzeit sind in der Regel nicht in der Zubereitungszeit enthalten. Einzige Ausnahme: In dieser Zeit sind parallel andere Arbeitsschritte zu tun. Die Garzeiten sind extra ausgewiesen. Bei einigen Rezepten setzt sich die Gesamt-Garzeit aus mehreren Teil-Garzeiten zusammen.

### Zubereitungszeit und Garzeit

Die in den Rezepten angegebenen Backofentemperaturen und Garzeiten sind Richtwerte, die je nach individueller Hitzeleistung Ihres Backofens über- oder unterschritten werden können. Prüfen Sie nach Beendigung der angegebenen Garzeit, ob das Gericht/Gebäck gar ist. Die Temperaturangaben in diesem Buch beziehen sich auf Elektrobacköfen. Die Temperatur-Einstellungsmöglichkeiten für Gasbacköfen variieren je nach Hersteller, sodass wir keine allgemeingültigen Angaben machen können. Bitte beachten Sie deshalb bei der Einstellung des Backofens die Gebrauchsanleitung des Herstellers. Ein Backofenthermometer eignet sich dabei gut, um die Backofentemperatur im Blick zu haben.

### Einschubhöhe

In den Rezepten in diesem Buch ist die Einschubhöhe immer dann die Mitte des Backofens, wenn nichts anderes angegeben ist.

### Hinweise zu den Nährwerten

Bei den Nährwertangaben in den Rezepten handelt es sich um auf- bzw. abgerundete ganze Werte. Aufgrund von ständigen Rohstoffschwankungen und/oder Rezepturveränderungen bei Lebensmitteln kann es zu Abweichungen kommen. Die Nährwertangaben dienen daher lediglich Ihrer Orientierung und eignen sich nur bedingt für die Berechnung eines Diätplans.

### Abkürzungen und Symbole

| | |
|---|---|
| EL | Esslöffel |
| TL | Teelöffel |
| Msp. | Messerspitze |
| Pck. | Packung/Päckchen |
| g | Gramm |
| kg | Kilogramm |
| ml | Milliliter |
| l | Liter |
| evtl. | eventuell |
| geh. | gehäuft |
| gem. | gemahlen |
| ger. | gerieben |
| gestr. | gestrichen |
| TK | Tiefkühlprodukt |
| °C | Grad Celsius |
| ø | Durchmesser |

## KALORIEN-/NÄHRWERTANGABEN

| | |
|---|---|
| E | Eiweiß |
| F | Fett |
| Kh | Kohlenhydrate |
| kcal | Kilokalorien |

# RATGEBER

## Pizza, Quiche & Co – Der Belag ist entscheidend

Heiß, mit knusprigem Boden, saftigem Belag, viel Käse und direkt vom Ofen auf den Teller – Pizza, Flammkuchen, Quiches und Tartes lieben alle. Jedes Land, jede Region hat dabei seine Spezialitäten: seien es römische Pinsa, türkische Lahmacun oder schwäbische Dinette.
Bei Familienabenden und auf Partys sorgen die leckeren Böden und abwechslungsreichen Beläge für eine ausgelassene Stimmung. Da ist einfach für jeden das Richtige dabei. Ob Klassiker wie Pizza Margherita oder Neukreationen wie eine orientalische Paprikatarte – bereits der Duft treibt hungrige Mäuler an den Tisch.

## Käse – immer passend

Erst mit würzigem Käse werden Pizza, Quiches und Snacks richtig gut. Er setzt optisch und geschmacklich die wichtigsten Akzente beim pikanten Backen. Besonders gut eignen sich Schafskäse, Mozzarella, Emmentaler, Appenzeller und Parmesan für herzhafte Gebäcke. Durch die unterschiedlichen Reife- und Geschmacksstufen gibt es für jedes Rezept den idealen Käse. Wichtig: Bei der Verwendung von ausgereiftem Hartkäse sollten Sie dessen höheren Salzgehalt berücksichtigen und die Teige daher vorsichtig salzen.

## Kleines Käse-Lexikon

Käse besteht aus Milch. Nach den verschiedensten Pressungen und Reifeprozessen entstehen die unterschiedlichsten Käsesorten. Sie lassen sich einteilen in:

- Frischkäse, z. B. Doppelrahm-Frischkäse, körniger Frischkäse, Ricotta, Mozzarella
- Weichkäse, z. B. Brie, Camembert, Gorgonzola
- Halbfester Schnittkäse, z. B. Butterkäse, Edelpilzkäse, Gouda
- Fester Schnittkäse, z. B. mittelalter Gouda, Emmentaler
- Hartkäse, z. B. Bergkäse, Manchego, Comté, Parmesan, Grana Padano

## Käse richtig lagern

- Käse am Stück hält sich länger und trocknet nicht so leicht aus. Ob geschnitten oder am Stück – Käse gehört zum Aufbewahren in den Kühlschrank, denn er reift während der Lagerung weiter und Wärme beschleunigt den Reifungsprozess.
- Die Haltbarkeit hängt von der Sorte ab: Je weniger Wasser der Käse enthält, desto länger ist er haltbar.
- Zum Aufbewahren von Käse ist das Käsepapier der Käsetheke ideal – es verhindert den direkten Kontakt mit Sauerstoff, gleichzeitig kann der Käse durch das Papier „atmen".

Alternativ kann man Hartkäse, halbfesten Käse bzw. Schnittkäse in Frischhaltefolie wickeln. Weichkäse gehört in eine Frischhaltebox.

- Haftet Schimmel am Käse: Bitte wegwerfen! Ausnahme: Die „gewollten Schimmelpilze" am Oberflächenrand oder im Inneren von einigen Käsesorten wie Brie oder Edelpilzkäse.

## Gemüse: fest und zart

Optisch und geschmacklich sind die unterschiedlichen Gemüsesorten der ideale Belag für herzhafte Leckereien.
Wichtig: Der hohe Wassergehalt verhindert, dass das Gebäck beim Backen austrocknet.

Gemüseeinkauf: regional und saisonal
Knackig frisches Gemüse schmeckt nicht nur gut – damit is(s)t man auch auf der gesunden Seite. Es ist reich an Ballaststoffen, Vitaminen, Mineralstoffen, Spurenelementen und sogenannten sekundären Pflanzenstoffen. Gemüse hat meist einen hohen Wasseranteil, der Energiegehalt ist dagegen sehr niedrig. Unser heutiges Gemüseangebot ist vielfältig, bunt – und die meisten Produkte sind mittlerweile ganzjährig im Supermarkt erhältlich.

## Schinken und Speck: Würzig und aromatisch

Sie sind mit ihrem würzigen, natürlichen Geschmack beliebte Zutaten beim herzhaften Backen. Als Belag eignen sich die etwas fetteren Sorten besser, da sie nicht so schnell austrocknen. Magere Schinken setzen aber besondere Akzente, wenn sie nach dem Backen frisch auf die Gebäckteile gelegt werden. Und Speck oder Bacon sind eine aromatische Ergänzung vieler Rezepte.
Wichtig: Je länger Schinken in Scheiben geschnitten lagert, desto mehr verliert er an Aroma und trocknet aus. Daher möglichst die Schinkenscheiben frisch vom Metzger abschneiden lassen – dann schmecken sie am besten.

## Fleischlose Alternative: Rauchsalz

Wer keinen Schinken oder Speck verwenden möchte, aber nicht auf den rauchigen Fleischgeschmack verzichten mag, nimmt Rauchsalz. Das ist ein Meersalz, welches über Spezialholzscheiten geräuchert wird. Dadurch bekommt es seinen typischen rauchigen Geschmack und eine dunklere Farbe. Mit seiner starken Würzkraft sorgt es schon in kleinsten Mengen für den Rauchgeschmack im Essen und harmoniert mit vielen Gewürzen und Kräutern.

## Lachs und anderer Fisch

Sollten Sie kein Fleisch essen oder eine andere Variante ausprobieren wollen, können Sie den Schinken durch Räucherlachs oder anderen Räucherfisch ersetzen.
Angenehmer Geruch, Geschmack und Aussehen sind ein Qualitätszeichen:
Er darf weder „fischig“ riechen noch „buttrig“ auf der Zunge schmecken – dann ist er überlagert. Angebrochene Räucherfisch-Packungen im Kühlschrank lagern und möglichst innerhalb von zwei Tagen aufbrauchen.

# BLECHPIZZA MIT ÄPFELN UND ZIEGENKÄSE

Zubereitungszeit: 35 Minuten
Backzeit: etwa 15-20 Minuten

## ZUTATEN FÜR 4–6 PORTIONEN

**Für den Belag:**

- 300–350 g Frühlingszwiebeln
- 3 EL Rapsöl
- Salz
- gem. Pfeffer
- 2 TL rote Pfefferbeeren
- 500 g süß-saure Äpfel, z. B. Cox Orange
- 25 g Butter
- abger. Schale und Saft von 1 Bio-Zitrone (unbehandelt, ungewachst)
- 100 g Tiroler Speck in dünnen Scheiben

**Für die Creme:**

- 2 Stängel Rosmarin
- 150 g Ziegenfrischkäse
- 200 g Schmand (Sauerrahm)

1 Pck. Pizzateig (550 g, 30 x 40 cm) aus dem Kühlregal

**Pro Stück:**

E: 21 g, F: 42 g, Kh: 78 g
kcal: 780

**1.** Für den Belag Frühlingszwiebeln putzen, abspülen, abtropfen lassen und schräg in Scheiben schneiden. 2 Esslöffel Rapsöl in einer ausreichend großen Pfanne erhitzen und die Frühlingszwiebelscheiben darin 4–5 Minuten unter Wenden andünsten. Dabei mit Salz und Pfeffer würzen. Pfefferbeeren untermischen und kurz zur Seite stellen.

**2.** Äpfel abspülen, abtropfen lassen, vierteln, entkernen und in dünne Spalten schneiden. Restliches Rapsöl und Butter in einer Pfanne erhitzen. Die Apfelspalten darin 2–3 Minuten andünsten. Dabei mit etwas Salz und Pfeffer würzen und zum Schluss mit der Hälfte vom Zitronensaft ablöschen. Alles einmal kurz aufkochen und beiseitestellen. Die Speckscheiben jeweils in 4 Stücke schneiden.

**3.** Für die Creme Rosmarin abspülen, trocken tupfen und die Nadeln von den Stängeln zupfen. Nadeln grob hacken und zusammen mit dem Ziegenfrischkäse, Schmand, restlichem Zitronensaft und Zitronenschale verrühren. Die Creme mit Salz und Pfeffer abschmecken.

**4.** Den Backofen vorheizen.
Ober-/Unterhitze: etwa 230 °C
Heißluft: etwa 210 °C

**5.** Den Pizzateig nach Packungsanleitung auf ein Backblech (30 x 40 cm) legen. Etwa ¾ der Ziegenkäsecreme auf dem Teig verstreichen. Frühlingszwiebelscheiben, Apfelspalten und Speckstücke nacheinander auf der Creme verteilen, restliche Creme in Klecksen auf die Pizza geben.

**6.** Das Backblech in den vorgeheizten Backofen (unteres Drittel) schieben und die Pizza **15–20 Minuten backen.**

Lieblingsrezept Nr.

# 01

# CALZONE MIT SPINAT

Zubereitungszeit:
50 Minuten, ohne Auftauzeit
Teiggeh-/Ruhezeit:
etwa 75 Minuten
Backzeit: 15–20 Minuten

### ZUTATEN FÜR 6 STÜCK

**Zum Vorbereiten:**

- 500 g TK-Blattspinat
- 100 g Pecorino

**Für den Pizzateig:**

- 400 g Weizenmehl
- ½ gestr. TL Salz
- 21 g frische Hefe
- 2 TL flüssiger Honig
- 210 ml lauwarmes Wasser
- 2 EL Olivenöl

**Für die Füllung:**

- 1 Zwiebel
- 1 Knoblauchzehe
- 2 EL Olivenöl
- Salz
- gem. schwarzer Pfeffer
- 1 Msp. ger. Muskatnuss
- 250 g Ricotta (ital. Frischkäse)
- 2 Eigelb (Größe M)
- 150 g abgetropfte, getrocknete Tomaten (in Öl)
- 150 g Pancetta (ital. Bauchspeck; ersatzweise Bacon, gewürfelt)

**Pro Stück:**

E: 23 g, F: 39 g, Kh: 57 g
kcal: 680

**1.** Zum Vorbereiten den Spinat bei Zimmertemperatur auftauen lassen. Den Pecorino fein reiben.

**2.** Für den Teig Mehl mit Salz in eine Rührschüssel geben, in die Mitte eine Vertiefung eindrücken und die Hefe hineinbröckeln. Honig und 50 ml Wasser hinzufügen und alles verrühren. Den Vorteig zugedeckt an einem warmen Ort etwa 15 Minuten gehen lassen.

**3.** Anschließend restliches Wasser und Olivenöl hinzugeben. Die Zutaten mit einem Mixer (Knethaken) kurz auf niedrigster, dann auf höchster Stufe in etwa 5 Minuten zu einem glatten, elastischen Teig verarbeiten. Den Teig zu einer Kugel formen und zugedeckt so lange an einem warmen Ort gehen lassen, bis er sich sichtbar vergrößert hat, etwa 60 Minuten.

**4.** Für die Füllung den Spinat ausdrücken und klein schneiden. Zwiebel und Knoblauch abziehen, klein würfeln. Olivenöl in einem Topf erhitzen. Zwiebel- und Knoblauchwürfel darin glasig dünsten. Spinat hinzugeben und etwa 2 Minuten mitdünsten lassen. Mit Salz, Pfeffer und Muskat würzen. Die Spinatmasse in eine Schüssel füllen und etwas abkühlen lassen.

**5.** Ricotta, Pecorino und Eigelb zur Spinatmasse geben und gut untermischen. Die Tomaten grob hacken.

**6.** Pancetta in kleine Würfel schneiden und in einer Pfanne ohne Fett knusprig braten. Herausnehmen und auf Küchenpapier abtropfen lassen.

**7.** Den Backofen vorheizen.
Ober-/Unterhitze: etwa 230 °C
Heißluft: etwa 210 °C

**8.** Den Teig auf der bemehlten Arbeitsfläche nochmals kurz durchkneten und in 6 gleich große Portionen teilen. Jeweils zu einem ovalen, etwa ½ cm dicken Fladen ausrollen. Spinatmasse in 6 Portionen teilen und jeweils eine Portion auf einer Teighälfte verteilen, dabei einen etwa 2 cm breiten Rand frei lassen. Tomaten und Speck daraufstreuen, die unbelegte Teighälfte jeweils über die Füllung klappen. Die Ränder fest andrücken, dabei mit den Zinken einer Gabel ein Rillenmuster eindrücken. Jeweils 3 Teigtaschen auf ein Backblech (mit Backpapier belegt) legen. Mit Olivenöl bestreichen.

**9.** Ein Backblech in den vorgeheizten Backofen (unteres Drittel) schieben. Die Calzonen **in 15–20 Minuten je Backblech goldbraun backen.**

**10.** Die Calzonen mit dem Backpapier vom Backblech auf einen Kuchenrost ziehen und erkalten lassen. Die restlichen Calzonen ebenso backen und erkalten lassen.

Lieblingsrezept Nr.

# 02

# DINETTE

Zubereitungszeit: 80 Minuten
Teiggeh-/Ruhezeit: über Nacht + etwa 3 Stunden
Backzeit: 8–10 Minuten

### ZUTATEN FÜR 6–8 STÜCK

**Für den Teig:**

- etwa 300 ml Wasser
- 15 g frische Hefe
- 1 TL flüssiger Honig oder Zuckerrübensirup
- 250 g dunkles Weizenmehl (Type 1150 oder Ruchmehl)
- 250 g Weizenmehl (Type 550)
- 1 ½ TL Salz

**Für den Belag:**

- 2 Frühlingszwiebeln
- 1 Ei (Größe M)
- 150 g saure Sahne
- 1 EL Weizenmehl
- Salz
- gem. Pfeffer
- 1 Knoblauchzehe

**Nach Belieben:**

- 100 g ger. Bergkäse
- etwa 125 g fein gewürfelter Speck
- 5–8 TL klein geschnittene Kräuter, z. B. Petersilie und Thymian

**Pro Stück:**

E: 19 g, F: 25 g, Kh: 62 g
kcal: 558

**1.** Am Vortag 100 ml lauwarmes Wasser mit etwas Hefe (etwa ein würfelgroßes Stück) und Honig oder Rübensirup verrühren. 100 g dunkles Weizenmehl unterrühren. Mit Frischhaltefolie bedeckt bei Zimmertemperatur etwa 1 Stunde ruhen lassen. Dann über Nacht in den Kühlschrank stellen und reifen lassen.

**2.** Am Zubereitungstag restliche Mehle und Salz in einer Rührschüssel mischen. Restliche zerbröselte Hefe in 200 ml kaltem Wasser auflösen und mit dem Hefe-Vorteig hinzugeben. Die Zutaten mit einem Mixer (Knethaken) etwa 10 Minuten auf niedrigster Stufe glatt verkneten. Dann weitere etwa 2 Minuten auf mittlerer Stufe durchkneten. Den Teig mit Frischhaltefolie belegt bei Zimmertemperatur etwa 2 Stunden gehen lassen.

**3.** Den gegangenen Teig mithilfe einer Teigkarte aus der Schüssel auf eine gut bemehlte Arbeitsfläche geben. Mit der Teigkarte in 6–8 gleich große Teigportionen teilen. Die Teigportionen jeweils mit den Händen vorsichtig zu länglich-dünnen Fladen (20–25 cm lang) ausziehen, dabei die enthaltene Luft möglichst im Teig belassen.

**4.** Die Teigfladen auf einem bemehlten Stück Backpapier verteilen, mit Frischhaltefolie belegt ruhen lassen.

**5.** In der Zwischenzeit den Backofen vorheizen und ein Backblech (idealerweise einen Backstein) miterhitzen.
Ober-/Unterhitze: mind. 250 °C bis maximale Temperatur 280/300 °C

**6.** Für den Belag Frühlingszwiebeln putzen, abspülen, trocken tupfen und fein schneiden. Ei mit saurer Sahne, Mehl, etwas Salz und Pfeffer verrühren. Knoblauch abziehen, durch eine Knoblauchpresse dazu drücken. Die Zutaten glatt verrühren. Die Creme auf den Fladen verstreichen. Mit Frühlingszwiebelstückchen bestreuen. Nach Belieben zusätzlich geriebenen Käse und/oder Speckwürfel daraufstreuen.

**7.** Die Fladen portionsweise z. B. mithilfe eines bemehlten Backschiebers auf den heißen Backstein bzw. auf das Backblech schieben. Die Fladen **in 8–10 Minuten goldgelb backen.**

**8.** Die Fladen auf einen Kuchenrost setzen. Noch ofenwarm oder abgekühlt, nach Belieben mit Kräutern bestreut servieren.

Lieblingsrezept Nr.

# 03

# FLAMMKUCHEN MIT SCHINKEN UND ZWIEBELN

Zubereitungszeit: 50 Minuten
Teiggeh-/Ruhezeit: etwa 30 Minuten
Backzeit: 15–20 Minuten

**ZUTATEN FÜR 5 STÜCK**

- 200 g Weizenmehl
- 2 gestr. TL (½ Pck.) Trockenbackhefe
- 1 gestr. TL Salz
- 1 EL Olivenöl
- 125 ml Mineralwasser mit Kohlensäure
- 200 g Schmand (Sauerrahm)
- je 1 EL TK-Petersilie und Schnittlauch
- gem. Pfeffer
- 1 Prise ger. Muskatnuss
- 2 mittelgroße Zwiebeln
- 125 g Schinkenwürfel

**Pro Stück.**

E: 13 g, F: 16 g, Kh: 32 g
kcal: 326

**1.** Für den Teig Mehl in eine Rührschüssel geben und mit der Trockenbackhefe sorgfältig vermischen. Salz, Olivenöl und Mineralwasser hinzugeben. Die Zutaten mit einem Mixer (Knethaken) zunächst kurz auf niedrigster, dann auf höchster Stufe in etwa 5 Minuten zu einem glatten Teig verarbeiten. Den Teig leicht mit Mehl bestäuben und zugedeckt so lange an einem warmen Ort gehen lassen, bis er sich sichtbar vergrößert hat, etwa 30 Minuten.

**2.** In der Zwischenzeit den Schmand in einer Schüssel mit Kräutern, Pfeffer und Muskat verrühren, dann zugedeckt beiseitestellen.

**3.** Die Zwiebeln abziehen, zuerst in dünne Scheiben schneiden, dann in Ringe teilen. Schinkenwürfel in einer Pfanne ohne Fett bei mittlerer Hitze etwa 3 Minuten unter Rühren anbraten. Zwiebelringe hinzugeben und weitere etwa 3 Minuten unter ständigem Rühren goldgelb andünsten. Die Schinken-Zwiebel-Mischung auf einen Teller geben und beiseitestellen.

**4.** Den Backofen vorheizen.
Ober-/Unterhitze: etwa 200 °C
Heißluft: etwa 180 °C

**5.** Den gegangenen Teig auf der leicht mit Mehl bestäubten Arbeitsfläche mit den Händen kurz durchkneten, dann in 5 gleich große Portionen teilen. Teigstücke zu ovalen Fladen (etwa 12 x 20 cm) dünn ausrollen. Die Teigfladen mit etwas Abstand auf ein oder zwei Backbleche (mit Backpapier belegt) legen und mit einer Gabel mehrmals einstechen.

**6.** Die Teigfladen mit je 2 Esslöffeln der Schmandmasse bestreichen, dabei am Rand etwa 1 cm frei lassen. Die beiseitegestellte Schinken-Zwiebel-Mischung gleichmäßig auf den Teigfladen verteilen, mit Pfeffer würzen.

**7.** Das Backblech in den vorgeheizten Backofen schieben. Die Flammkuchen **15–20 Minuten backen.** Das Backblech aus dem Backofen nehmen und auf einen Rost stellen. Flammkuchen heiß oder lauwarm servieren.

**TIPPS:**

Die gebackenen Flammkuchen mit frischen Schnittlauchröllchen bestreuen.

Falls es mal schnell gehen muss, können Sie auch fertigen Pizzateig aus dem Kühlregal verwenden.

Lieblingsrezept Nr.

# 04

# FLAMMKUCHEN MIT GRÜNEM SPARGEL

Zubereitungszeit: 40 Minuten
Ruhezeit: etwa 30 Minuten
Backzeit: etwa 8–10 Minuten

## ZUTATEN FÜR 4 PORTIONEN

**Für den Teig:**

400 g Dinkelmehl (Type 630)
1 ½ gestr. TL Salz
230 ml Wasser
4 EL Rapsöl

**Für den Belag:**

800 g grüner Spargel
250 g Cherrytomaten
4 Stängel Basilikum
400 g Crème fraîche
Salz
150 g Pastrami (geräucherte und gewürzte Rinderbrust) oder Rindersaftschinken in dünnen Scheiben
gem. Pfeffer

**Pro Portion:**

E: 26 g, F: 42 g, Kh: 81 g
kcal: 831

1. Für den Teig Mehl und Salz in einer Schüssel mischen. Wasser und Rapsöl hinzugeben. Die Zutaten zu einem glatten Teig verkneten, auf der bemehlten Arbeitsfläche zu einer Kugel formen und unter einer umgedrehten Schüssel bei Zimmertemperatur ruhen lassen, etwa 30 Minuten.

2. Für den Belag den Spargel abspülen, abtropfen lassen, das untere Drittel schälen und die unteren Enden abschneiden. Die Stangen der Länge nach durchschneiden. Die Cherrytomaten abspülen, abtropfen lassen und die Stängelansätze herausschneiden. Tomaten in Scheiben schneiden. Basilikum abspülen, trocken tupfen und die Blättchen von den Stängeln zupfen. Die Blättchen je nach Größe in Streifen schneiden oder ganz lassen.

3. Den Backofen vorheizen.
Ober-/Unterhitze: etwa 250 °C
Heißluft: etwa 230 °C

4. Den Teig auf der bemehlten Arbeitsfläche in 4 gleich große Portionen teilen. Eine Portion zu einem Rechteck (etwas kleiner als das Backblech) ausrollen und auf ein mit Backpapier belegtes Backblech ziehen. Den restlichen Teig wieder zudecken.

5. Die Zutaten für den Belag in jeweils 4 Portionen teilen. Den ausgerollten Teig zuerst mit 100 g Crème fraîche bestreichen. Dann mit ¼ von dem Spargel und den Tomaten belegen und mit etwas Salz bestreuen. Das Backblech in den vorgeheizten Backofen schieben. Den Flammkuchen **in 8–10 Minuten braun backen.** (Bei Heißluft können auch 2 Backbleche auf einmal in den Backofen geschoben werden.)

6. Inzwischen eine weitere Teigportion ebenso ausrollen und auf einen Bogen Backpapier ziehen. Wenn der erste Flammkuchen fertig ist, den ausgerollten Teig auf das heiße Backblech ziehen und wie beschrieben belegen und backen.

7. Die Flammkuchen nach dem Backen mit je einer Portion Pastrami oder Schinken und Basilikum belegen und mit etwas Pfeffer bestreuen. Die Flammkuchen heiß servieren.

**TIPP:**

Anstelle von Pastrami können Sie auch luftgetrockneten Schinken wie Serrano- oder Parmaschinken verwenden.

Lieblingsrezept Nr.

# 05

# GEMÜSE-FLATBREAD

Zubereitungszeit: 45 Minuten
Teiggeh-/Ruhezeit: etwa 90 Minuten
Backzeit: 20–25 Minuten
Vegetarisch

## ZUTATEN FÜR 8 STÜCKE

**Zum Vorbereiten:**
- 1 EL vorbereitete Rosmarinnadeln

**Für den Hefeteig:**
- 300 g Weizenmehl (Type 550)
- 1 TL Trockenbackhefe
- 1 gestr. TL Salz
- 225 ml lauwarmes Wasser
- 2 EL Olivenöl

**Für den Belag:**
- 75 g Fenchel
- ½ rote Paprikaschote (etwa 100 g)
- 75 g Cocktailtomaten
- 10 Blättchen Basilikum
- 100 g Ricotta (ital. Frischkäse)
- 10 g abgetropfte Kapern (in Lake, aus dem Glas)
- Salz
- gem. schwarzer Pfeffer
- 50 g abgetropfter Büffelmozzarella
- 25 g ger. Parmesan

**Pro Stück:**
E: 8 g, F: 7 g, Kh: 30 g, kcal: 210

**1.** Die Rosmarinnadeln fein hacken.

**2.** Für den Teig Mehl in eine Rührschüssel geben und mit der Trockenbackhefe sorgfältig vermischen. Salz und Rosmarin untermischen. Wasser und Olivenöl hinzugeben. Die Zutaten mit einem Mixer (Knethaken) zunächst kurz auf niedrigster, dann auf höchster Stufe in etwa 5 Minuten zu einem glatten Teig verarbeiten. Den Teig zugedeckt so lange an einem warmen Ort gehen lassen, bis er sich sichtbar vergrößert hat, etwa 90 Minuten.

**3.** Für den Belag den Fenchel putzen, abspülen und abtropfen lassen. Paprikaschotenhälfte entstielen, entkernen und die weißen Scheidewände entfernen. Die Paprikahälfte abspülen und abtropfen lassen. Fenchel und Paprika in hauchdünne Scheiben bzw. Streifen schneiden oder hobeln. Tomaten abspülen, abtrocknen und die Stängelansätze entfernen. Tomaten jeweils in 3 Scheiben schneiden. Basilikumblättchen abspülen, trocken tupfen und grob zerschneiden.

**4.** Den Backofen vorheizen.
Ober-/Unterhitze: etwa 250 °C
Heißluft: nicht empfehlenswert

**5.** Den gegangenen Teig in etwas Mehl wenden, nicht mehr durchkneten und sofort auf einem Backblech (gefettet, mit Backpapier belegt) zu einem etwa 1 cm dicken, rechteckigen Fladen formen.

**6.** Den Teigfladen gleichmäßig mit Ricotta bestreichen, danach mit Basilikum und Kapern bestreuen. Fenchel, Paprika und Tomaten gleichmäßig darauf verteilen. Mit Salz und Pfeffer würzen. Mozzarella in kleine Stücke zupfen, mit dem Parmesan auf dem Flatbread verteilen.

**7.** Das Backblech in den vorgeheizten Backofen (unterste Schiene) schieben. Das Gemüse-Flatbread **20–25 Minuten backen.**

**8.** Das Backblech auf einen Kuchenrost stellen. Das Gemüse-Flatbread in 8 gleich große Stücke schneiden und heiß servieren.

Lieblingsrezept Nr.

06

# GRÜNKOHL-FLAMMKUCHEN

Zubereitungszeit: 30 Minuten
Ruhe-/Gehzeit: etwa 90 Minuten
Backzeit: etwa 20 Minuten

**ZUTATEN FÜR 4 PORTIONEN**

**Für den Hefeteig:**

300 g Weizenmehl (Type 550)
1 gestr. TL Salz
1 Prise Zucker
½ TL gem. Kreuzkümmel (Cumin)
1 TL Trockenbackhefe
225 ml lauwarmes Wasser
2 EL Erdnussöl

**Für den Belag:**

etwa 600 g Grünkohlblätter
Salz
2 kleine, rote Zwiebeln
50 g Ziegenfrischkäse
50 g Gruyère, im Stück
5 Scheiben Bacon (etwa 80 g)
2 Stängel Rosmarin
150 g Crème fraîche
grobes Meersalz
gem. Pfeffer

**Pro Portion:**

E: 21 g, F: 37 g, Kh: 59 g
kcal: 669

1. Für den Teig Mehl mit Salz, Zucker, Kreuzkümmel und Trockenbackhefe in einer Rührschüssel mischen. Lauwarmes Wasser und Erdnussöl hinzugeben. Die Zutaten mit einem Mixer (Knethaken) zunächst kurz auf niedrigster, dann auf höchster Stufe in etwa 5 Minuten zu einem glatten Teig verkneten. Den Teig zugedeckt etwa 90 Minuten an einem warmen Ort gehen lassen.

2. In der Zwischenzeit für den Belag von dem Grünkohl die Blätter von den Stielen streifen. Grünkohl gründlich waschen und abtropfen lassen. Kohlblätter 3–4 Minuten in kochendem Salzwasser blanchieren und anschließend in kaltem Wasser abschrecken. Kohlblätter anschließend gut ausdrücken und dann klein hacken.

3. Zwiebeln abziehen, halbieren und in Streifen schneiden. Ziegenfrischkäse ggf. zerbröseln und Gruyère auf einer Küchenreibe raffeln. Baconscheiben quer in etwa 5 mm breite Streifen schneiden. Rosmarin abspülen, trocken tupfen und die Nadeln von den Stängeln zupfen.

4. Den Backofen vorheizen.
Ober-/Unterhitze: etwa 250 °C
Heißluft: nicht geeignet

5. Den gegangenen Teig aus der Schüssel nehmen, leicht durchkneten und in Mehl wenden. Den Teig in 4 gleich große Portionen teilen. Aus den Teigstücken mit den Händen etwa 1 cm dicke, längliche Fladen formen und auf 2 Backbleche (mit Backpapier belegt) legen.

6. Die Fladen mit Crème fraîche bestreichen, mit Grünkohl belegen und mit Meersalz bestreuen. Gruyère und zerbröselten Ziegenkäse, dann Zwiebelstreifen, Rosmarinnadeln und Baconstreifen darauf verteilen.

7. Die Backbleche nacheinander in den vorgeheizten Backofen (untere Schiene) schieben. Die Fladen **etwa 20 Minuten je Backblech backen.**

8. Die gebackenen Flammkuchen mit frisch gemahlenem Pfeffer würzen, in Streifen schneiden und servieren.

Lieblingsrezept Nr.
07

# KARTOFFELPIZZA MIT PARMASCHINKEN

Zubereitungszeit: 60 Minuten
Teiggeh-/Ruhezeit: etwa 60 Minuten
Backzeit: etwa 30 Minuten

**ZUTATEN FÜR 8 PORTIONEN**

**Für den Hefeteig:**

- 600 g mehlig kochende Kartoffeln
- 500 g Weizenmehl
- 2 gestr. TL Salz
- 42 g frische Hefe
- ½ TL Zucker
- 400 ml lauwarme Milch (3,5 % Fett)

**Für den Belag:**

- 2 Pck. stückige Tomaten mit Kräutern (je 370 g)
- 100 g abgetropfte milde Peperoni (aus dem Glas)
- 400 g ger. Edamer
- 1 Bund Rucola (Rauke)
- 200 g Parmaschinken, in dünnen Scheiben

**Pro Portion:**

E: 31 g, F: 22 g, Kh: 63 g
kcal: 600

**1.** Für den Teig die Kartoffeln unter fließendem Wasser abbürsten, knapp mit Wasser bedeckt, zugedeckt zum Kochen bringen und in etwa 20 Minuten gar kochen. Die Kartoffeln abgießen, mit kaltem Wasser abschrecken, abtropfen lassen. Noch warm pellen und sofort durch eine Kartoffelpresse in eine große Rührschüssel drücken.

**2.** Mehl und Salz zu der Kartoffelmasse geben. Die Zutaten sorgfältig vermengen und in die Mitte eine Vertiefung eindrücken. Hefe hineinbröckeln. Zucker und 2 Esslöffel Milch hinzugeben, mit der Hefe verrühren und etwa 10 Minuten gehen lassen.

**3.** Restliche Milch hinzufügen. Die Zutaten mit einem Mixer (Knethaken) zunächst kurz auf niedrigster, dann auf höchster Stufe in etwa 5 Minuten zu einem glatten Teig verarbeiten. Den Teig zugedeckt so lange an einem warmen Ort gehen lassen, bis er sich sichtbar vergrößert hat, etwa 30 Minuten.

**4.** Den Kartoffelteig auf der leicht bemehlten Arbeitsfläche nochmals kurz durchkneten, dann halbieren. Jede Teighälfte auf einem Backblech (30 x 40 cm gefettet, mit Backpapier belegt) ausrollen.

**5.** Den ausgerollten Kartoffelteig mit den Tomatenstückchen bestreichen. Peperoni gleichmäßig darauf verteilen und mit Käse bestreuen.

**6.** Die Kartoffelteigpizzen nochmals zugedeckt so lange an einem warmen Ort gehen lassen, bis sie sich sichtbar vergrößert haben, etwa 20 Minuten.

**7.** Den Backofen vorheizen.
Ober-/Unterhitze: etwa 200 °C
Heißluft: etwa 180 °C

**8.** Die Backbleche nacheinander (bei Heißluft zusammen) in den vorgeheizten Backofen schieben. Pizzen **etwa 30 Minuten je Backblech backen.**

**9.** In der Zwischenzeit Rucola verlesen und dicke Stiele abschneiden. Rucola abspülen, gut abtropfen lassen oder trocken schleudern und evtl. etwas kleiner zupfen.

**10.** Die Backbleche auf Kuchenroste stellen. Parmaschinken und Rucola auf den Pizzen verteilen. Die Pizzen in Stücke schneiden und sofort servieren.

Lieblingsrezept Nr.

# 08

# LAHMACUN

Zubereitungszeit: 30 Minuten
Teiggeh-/Ruhezeit:
etwa 60 Minuten
Backzeit: etwa 20 Minuten

**ZUTATEN FÜR 4 PORTIONEN**

**Für den Hefeteig:**

- 500 g Weizenmehl
- 1 Pck. Trockenbackhefe
- 1 gestr. EL Zucker
- 1 gestr. EL Salz
- 1 TL gem. Kreuzkümmel (Cumin)
- 100 g Joghurt (3,5 % Fett)
- 200 ml lauwarmes Wasser

**Für den Belag:**

- 1 Peperoni
- 2 Knoblauchzehen
- 1 gestr. TL Salz
- 1 EL Olivenöl
- 3 EL Tomatenmark
- 2 EL Zwiebelwürfel
- 500 g Rindergehacktes
- 1 TL gerebelter Oregano
- ½ Bund Petersilie
- Salz
- gem. Pfeffer
- 1 EL Paprikapulver edelsüß oder rosenscharf

**Pro Portion:**

E: 42 g, F: 23 g, Kh: 102 g
kcal: 787

**1.** Für den Teig Mehl in eine Rührschüssel geben und mit der Trockenbackhefe sorgfältig vermischen. Zucker, Salz, Kreuzkümmel, Joghurt und Wasser hinzufügen.

**2.** Die Zutaten mit einem Mixer (Knethaken) zunächst kurz auf niedrigster, dann auf höchster Stufe in etwa 5 Minuten zu einem glatten Teig verarbeiten. Den Teig zugedeckt so lange an einem warmen Ort gehen lassen, bis er sich sichtbar vergrößert hat, etwa 30 Minuten.

**3.** Anschließend den Teig nochmals gut durchkneten und erneut etwa 30 Minuten gehen lassen.

**4.** Den Teig vierteln. Jedes Teigviertel auf der leicht bemehlten Arbeitsfläche sehr dünn zu runden Fladen (Ø 26–28 cm) ausrollen. Die Fladen auf 4 Backbleche (mit Backpapier belegt) legen. Wer nur 2 Backbleche hat, rollt erst 2 Fladen aus.

**5.** Für den Belag Peperoni abspülen, abtrocknen, halbieren, Scheidewände und Kerne entfernen. Peperoni fein hacken. Knoblauch abziehen und mit Salz einreiben. Olivenöl in einer Pfanne erhitzen. Tomatenmark, Zwiebelwürfel und Gehacktes hinzugeben und anbraten, dabei die Klümpchen mit einer Gabel zerdrücken. Peperoni, Knoblauch und Oregano ebenfalls hinzugeben. Die Pfanne von der Kochstelle nehmen.

**6.** Den Backofen vorheizen.
Ober-/Unterhitze: etwa 180 °C
Heißluft: etwa 160 °C

**7.** Petersilie abspülen, trocken tupfen und die Blättchen von den Stängeln zupfen. Blättchen klein schneiden und unter das Gehackte mischen und mit Salz, Pfeffer und Paprika kräftig würzen, etwas abkühlen lassen. Dann jeweils ein Viertel davon gleichmäßig auf den Teigfladen verstreichen.

**8.** Die Backbleche nacheinander (bei Heißluft 2 Bleche zusammen) in den vorgeheizten Backofen schieben. Lahmacun **etwa 20 Minuten je Backblech backen.**

Lieblingsrezept Nr.

09

# MINI-PIZZA-GESICHTER

Zubereitungszeit: 45 Minuten
Teiggeh-/Ruhezeit: etwa 30 Minuten
Backzeit: etwa 20 Minuten

## ZUTATEN FÜR 4 STÜCK

**Für den Hefeteig:**

- 300 g Weizenmehl
- 1 Pck. Trockenbackhefe
- 1 TL Zucker
- ½ gestr. TL Salz
- 2 EL Sonnenblumenöl
- 200 ml lauwarmes Wasser

**Für den Belag:**

- 150 g TK-Brokkoliröschen
- Salz
- 200 g kleine Tomaten
- 4 EL Tomatenketchup
- 200 g ger. Mozzarella oder Gouda
- 80 g Salami in Scheiben
- gem. Pfeffer
- 1 TL gerebelter Oregano

**Zum Bestreuen:**

- einige Basilikumblättchen

**Pro Stück:**

E: 25 g, F: 26 g, Kh: 67 g
kcal: 600

1. Für den Teig Mehl in einer Rührschüssel mit der Trockenbackhefe sorgfältig vermischen. Zucker, Salz, Sonnenblumenöl und Wasser hinzufügen. Die Zutaten mit einem Mixer (Knethaken) zunächst kurz auf niedrigster, dann auf höchster Stufe in etwa 5 Minuten zu einem glatten Teig verarbeiten.

2. Den Teig zugedeckt so lange an einem warmen Ort gehen lassen, bis er sich sichtbar vergrößert hat, etwa 30 Minuten.

3. Für den Belag Brokkoliröschen in kochendem Salzwasser nach Packungsanleitung garen und abtropfen lassen. Tomaten abspülen, abtrocknen, in Scheiben schneiden und dabei die Stängelansätze herausschneiden.

4. Den Backofen vorheizen.
Ober-/Unterhitze: etwa 200 °C
Heißluft: etwa 180 °C

5. Den gegangenen Teig leicht mit Mehl bestäuben, aus der Schüssel nehmen und auf der leicht bemehlten Arbeitsfläche nochmals kurz durchkneten. Den Teig in 4 gleich große Stücke teilen, zu Kugeln formen und jeweils zu einer runden Platte (Ø etwa 14 cm) ausrollen.

6. Je 2 Teigplatten auf ein Backblech (mit Backpapier belegt) legen und mit dem Ketchup bestreichen, dabei am Rand etwa 1 cm frei lassen.

7. Den geriebenen Käse darauf verteilen. Die Salami- und Tomatenscheiben sowie die Brokkoliröschen darauf verteilen und mit Salz, Pfeffer und Oregano bestreuen.

8. Die Backbleche nacheinander (bei Heißluft zusammen) in den vorgeheizten Backofen (unteres Drittel) schieben. Die Pizzen **etwa 20 Minuten je Backblech backen.**

9. Basilikum abspülen, trocken tupfen und die Blättchen von den Stängeln zupfen. Blättchen nach Belieben in Streifen schneiden, die Pizzen vor dem Servieren damit bestreuen.

**TIPPS:**

Sie können den Teig auch mit halb Weizenmehl und halb Weizen-Vollkornmehl zubereiten.

Legen Sie die Zutaten so auf die Teigfladen, dass sie Gesichter bilden. Gut geeignet sind dafür z. B. gebratene Champignonscheiben und Oliven.

Lieblingsrezept Nr.

# 10

# PINSA BIANCA MIT SALSICCA

Zubereitungszeit: 45–60 Minuten
Teiggeh-/Ruhezeit: 28–53 Stunden
Backzeit: 5–10 Minuten

**ZUTATEN FÜR 3 PINSAS**

**Für den Hefeteig:**

- 1 ½ g frische Hefe
- 250 ml kaltes Wasser
- 300 g Weizenmehl (Pizzamehl, Type 00)
- 40 g Reismehl
- 25 g Sojamehl
- ½ EL Olivenöl
- 1 ¼ TL feines Meersalz

etwas Olivenöl zum Fetten des Behälters

**Für den Belag:**

- 100 g Schmand (Sauerrahm)
- 3 EL Sahne
- 3 gekochte Pellkartoffeln
- 3 Salsicce (ital. Bratwürste)
- 3 Stängel Rosmarin
- 100 g Gorgonzola

**Pro Pinsa:**

E: 37 g, F: 51 g, Kh: 100 g
kcal: 1023

**1.** Für den Teig Hefe und Wasser in der Rührschüssel einer Küchenmaschine verrühren, die Mehle sowie das Olivenöl hinzugeben. Die Zutaten mit dem Mixer (Knethaken) zunächst kurz auf niedrigster, dann auf höchster Stufe in 6–8 Minuten zu einem glatten elastischen Teig verarbeiten. Das Salz hinzufügen (das ergibt einen stabileren Teig) und weitere 6–8 Minuten kneten.

**2.** Einen großen Behälter samt Deckel (mindestens 1 ½ l Fassungsvermögen) mit Olivenöl ausreiben. Den Teig zu einer Kugel formen, hineingeben und so lange an einem warmen Ort gehen lassen, bis er sich sichtbar vergrößert hat, etwa 1 Stunde. Den Teig für 24–48 Stunden in den Kühlschrank geben.

**3.** Am Backtag den Teig aus dem Kühlschrank nehmen, auf einer bemehlten Arbeitsfläche kurz durchkneten, in 3 gleich große Portionen teilen und zu Kugeln formen. Dabei möglichst behutsam vorgehen, damit die entstandene luftige Teigstruktur weitgehend erhalten bleibt. Teigkugeln mit etwa 10 cm Abstand in eine große bemehlte Plastikbox mit Deckel (30 × 40 cm) geben und 3–4 Stunden bei Raumtemperatur ruhen lassen. Alternativ auf ein bemehltes Brett legen, bemehlen und mit Frischhaltefolie abdecken, damit sich keine Haut bildet.

**4.** Den Backofen vorheizen.
Ober-/Unterhitze: etwa 250 °C bzw. max. Backofenleistung
Heißluft: nicht empfehlenswert

**5.** Einen Backstein, eine gusseiserne Grillplatte oder ein umgedrehtes Backblech etwa 30 Minuten erhitzen. Einen Pizzaschieber oder ein randloses Blech mit Backpapier auslegen.

**6.** Für den Belag Schmand mit Sahne glatt rühren. Kartoffeln pellen und grob hacken. Salsicca-Brät aus der Haut drücken. Rosmarin abspülen, trocken tupfen und die Nadeln von den Stängeln zupfen. Rosmarinnadeln fein hacken. Gorgonzola in kleine Stücke schneiden.

**7.** Die Pinsa formen. Hierfür eine Teigkugel auf eine bemehlte Arbeitsfläche geben, großzügig mit Mehl bestäuben und mit den Fingern behutsam zu einem länglichen Fladen (22–24 cm) drücken und ausziehen. Die Pinsa auf das Backpapier legen und mit den vorbereiteten Zutaten belegen. Das Backpapier auf den Pizzaschieber oder das randlose Blech ziehen.

**8.** Die Pinsa mit dem Backpapier auf den Backstein, die Grillplatte oder das Backblech gleiten lassen und **in 5–10 Minuten knusprig braun backen.** Das Backpapier nach 2–3 Minuten herausziehen. Pinsa herausnehmen. Sofort servieren. Die restlichen Pinsas backen.

Lieblingsrezept Nr.

11

# PINSA MIT MOZZARELLA UND PESTO

Zubereitungszeit: 45–60 Minuten
Teiggeh-/Ruhezeit: 28–53 Stunden
Backzeit: etwa 5 Minuten
Vegetarisch

**ZUTATEN FÜR 3 PINSA**

**Für den Hefeteig:**

- 1 ½ g frische Hefe
- 250 ml kaltes Wasser
- 300 g Weizenmehl (Type 00)
- 40 g Reismehl
- 25 g Sojamehl
- ½ EL Olivenöl
- 1 ¼ TL feines Meersalz

etwas Olivenöl zum Fetten des Behälters

**Für den Belag:**

- 900 g gelbe Cocktailtomaten
- 3 abgetropfte Mozzarellakugeln (etwa 125 g)
- frische Basilikumblättchen
- 3 EL Olivenöl
- 8–9 EL Pesto genovese (aus dem Glas)

**Pro Pinsa:**

E: 46 g, F: 76 g, Kh: 94 g
kcal: 1271

**1.** Für den Teig Hefe und Wasser in der Rührschüssel einer Küchenmaschine verrühren, die Mehle sowie das Olivenöl hinzugeben. Die Zutaten mit dem Mixer (Knethaken) zunächst kurz auf niedrigster, dann auf höchster Stufe in 6–8 Minuten zu einem glatten elastischen Teig verarbeiten. Das Salz hinzufügen (das ergibt einen stabileren Teig) und weitere 6–8 Minuten kneten.

**2.** Einen großen Behälter samt Deckel (mindestens 1 ½ l Fassungsvermögen) mit Olivenöl ausreiben. Den Teig zu einer Kugel formen, hineingeben und so lange an einem warmen Ort gehen lassen, bis er sich sichtbar vergrößert hat, etwa 1 Stunde. Den Teig für 24–48 Stunden in den Kühlschrank geben.

**3.** Am Backtag den Teig aus dem Kühlschrank nehmen, auf einer bemehlten Arbeitsfläche kurz durchkneten und in 3 gleich große Portionen teilen und zu Kugeln formen. Dabei möglichst behutsam vorgehen, damit die entstandene luftige Teigstruktur weitgehend erhalten bleibt. Teigkugeln mit etwa 10 cm Abstand in eine große bemehlte Plastikbox mit Deckel (30 × 40 cm) geben und 3–4 Stunden bei Raumtemperatur ruhen lassen. Alternativ auf ein bemehltes Brett legen, bemehlen und mit Frischhaltefolie abdecken, damit sich keine Haut bildet.

**4.** Den Backofen vorheizen.
Ober-/Unterhitze: etwa 250 °C bzw. max. Backofenleistung
Heißluft: nicht empfehlenswert

**5.** Einen Backstein, eine gusseiserne Grillplatte oder ein umgedrehtes Backblech etwa 30 Minuten erhitzen. Einen Pizzaschieber oder ein randloses Blech mit Backpapier auslegen.

**6.** Für den Belag Cocktailtomaten abspülen, abtropfen lassen und die Stängelansätze entfernen. Tomaten in Scheiben schneiden. Mozzarella klein schneiden. Basilikumblättchen abspülen und trocken tupfen.

**7.** Die Pinsa formen. Hierfür eine Teigkugel auf eine bemehlte Arbeitsfläche geben, großzügig mit Mehl bestäuben und mit den Fingern behutsam zu einem länglichen Fladen (22–24 cm) drücken und ausziehen. Das Mehl abschütteln. Die Pinsa auf das Backpapier legen und mit je 1 Esslöffel Olivenöl beträufeln. Das Backpapier auf den Pizzaschieber oder das randlose Blech ziehen.

**8.** Die Pinsa mit dem Backpapier auf den Backstein, die Grillplatte oder das Backblech gleiten lassen und in **etwa 5 Minuten knusprig braun backen.** Das Backpapier nach 2–3 Minuten herausziehen. Pinsa aus dem Backofen nehmen. Jeweils ein Drittel der Mozzarellastücke, Tomatenscheiben und Pesto darauf verteilen. Mit Basilikumblättchen garnieren und sofort servieren. Dann die restlichen Pinsas belegen und backen.

Lieblingsrezept Nr.

# 12

# PIZZA AUF BAUERNART

Zubereitungszeit: 90 Minuten,
Ruhezeit: etwa 30 Minuten
Backzeit: etwa 60 Minuten

**ZUTATEN FÜR 6 STÜCKE**

**Für den Teig:**

250 g Weizenmehl
150 g Schweineschmalz
2 TL Zucker
1 Ei (Größe M)
50 ml warmes Wasser
1 TL Salz

**Für den Belag:**

250 g Ricotta (ital. Frischkäse)
2 Eier (Größe M)
2 EL klein geschnittene Petersilie
100 g ger. Parmesan
125 g abgetropfter Mozzarella
100 g Provolone-Käse (Käse mit sahnigem Geschmack)
200 g Kochschinken
Salz
gem. Pfeffer

**Zum Bestreichen:**

1 Eigelb
1 EL Wasser

**Pro Stück:**

E: 33 g, F: 52 g, Kh: 33 g
kcal: 736

1. Den Backofen vorheizen.
Ober-/Unterhitze: etwa 200 °C
Heißluft: etwa 180 °C

2. Für den Teig Mehl in eine Rührschüssel geben. Schmalz, Zucker, Ei, Wasser und Salz hinzufügen. Die Zutaten mit einem Mixer (Knethaken) zunächst kurz auf niedrigster, dann auf höchster Stufe zu einem Teig verarbeiten. Der Teig soll fest, aber geschmeidig sein. Den Teig zu einer Kugel formen und etwa 30 Minuten ruhen lassen.

3. Für den Belag Ricotta in einer Schüssel zerdrücken und die Eier unterrühren. Petersilie und Parmesan untermischen.

4. Mozzarella, Provolone und Schinken in kleine Würfel schneiden, zur Ricottamasse geben und untermischen. Mit Salz und Pfeffer würzen.

5. Den Teig dritteln. Ein Teigdrittel auf dem Boden einer Springform (Ø 22–24 cm, gefettet) ausrollen, den Springformrand darumlegen. Die Form auf dem Rost in den vorgeheizten Backofen schieben und den Boden **etwa 10 Minuten vorbacken.**

6. Die Form auf einen Rost stellen. Den vorgebackenen Boden leicht abkühlen lassen.

7. Aus einem weiteren Teigdrittel eine Rolle formen, an den leicht abgekühlten Formrand legen und andrücken. Die Ricotta-Schinkenmischung auf den vorgebackenen Boden geben.

8. Restlichen Teig auf der bemehlten Arbeitsfläche zu einer runden Platte (etwa Ø 24 cm) ausrollen und auf den Belag legen. Teigdeckel und Teigrand gut zusammendrücken und den Teigdeckel mehrmals mit einer Gabel einstechen.

9. Zum Bestreichen Eigelb mit Wasser verschlagen. Die Teigdecke damit bestreichen. Die Form auf dem Rost in den heißen Backofen schieben. Die Pizza **bei gleicher Backofentemperatur etwa 50 Minuten backen.**

10. Die Pizza aus der Form lösen und auf einen Kuchenrost legen. In 6 Stücke schneiden. Warm oder kalt servieren. Nach Belieben mit Oliven servieren.

Lieblingsrezept Nr.

# 13

# PIZZA MARGHERITA

Zubereitungszeit: 60 Minuten
Teiggeh-/Ruhezeit:
etwa 30 Minuten
Backzeit: 25–30 Minuten
Vegetarisch

**ZUTATEN FÜR 4 PORTIONEN**

**Für den Hefeteig:**

- 300 g Weizenmehl
- 1 Pck. Trockenbackhefe
- ½ TL Zucker
- 1 gestr. TL Salz
- 3 EL Olivenöl
- 125 ml lauwarmes Wasser

**Für den Belag:**

- 400 g Tomaten
- 250 g abgetropfter Mozzarella
- Salz
- gem. Pfeffer
- 12 Basilikumblättchen
- 50 g ger. Parmesan
- 3 EL Olivenöl

**Pro Portion:**

E: 25 g, F: 35 g, Kh: 58 g
kcal: 648

**1.** Für den Teig Mehl in eine Rührschüssel geben und mit der Trockenbackhefe sorgfältig vermischen. Zucker, Salz, Olivenöl und Wasser hinzufügen. Die Zutaten mit einem Mixer (Knethaken) zunächst kurz auf niedrigster, dann auf höchster Stufe in etwa 5 Minuten zu einem glatten Teig verarbeiten. Den Teig zugedeckt so lange an einem warmen Ort gehen lassen, bis er sich sichtbar vergrößert hat, etwa 30 Minuten.

**2.** Den Backofen vorheizen.
Ober-/Unterhitze: etwa 200 °C
Heißluft: etwa 180 °C

**3.** Für den Belag Tomaten kreuzweise einschneiden und mit kochendem Wasser übergießen. Nach 1–2 Minuten herausnehmen und mit kaltem Wasser abschrecken. Tomaten häuten, halbieren und die Stängelansätze herausschneiden. Tomatenhälften in Scheiben schneiden. Mozzarella ebenfalls in Scheiben schneiden.

**4.** Den gegangenen Teig leicht mit Mehl bestäuben, aus der Schüssel nehmen, auf einer bemehlten Arbeitsfläche nochmals kurz durchkneten und auf einem Backblech (30 x 40 cm, gefettet) ausrollen.

**5.** Tomaten- und Mozzarellascheiben auf dem Teig verteilen. Mit Salz und Pfeffer bestreuen. Basilikumblättchen abspülen, trocken tupfen, klein schneiden und auf die Pizza legen. Mit Parmesan bestreuen und mit Olivenöl beträufeln.

**6.** Das Backblech in den vorgeheizten Backofen schieben. Die Pizza **25–30 Minuten backen.**

**TIPP:**

Die Pizza kann noch mit weiteren Zutaten belegt werden. Zum Beispiel mit Paprikaschoten und Salami, Thunfisch oder Räucherlachs und Zwiebeln, Spinat und Knoblauch oder mit Champignonscheiben. Ihrer Fantasie sind keine Grenzen.

Lieblingsrezept Nr.

14

# PIZZA MIT GARNELEN

Zubereitungszeit: 60 Minuten
Teiggeh- /Ruhezeit: etwa 2 Stunden
Backzeit: 4–6 Minuten

**ZUTATEN FÜR 4 PORTIONEN**

**Für den Teig:**

300 ml lauwarmes Wasser
2 TL Salz
1 TL Zucker
2 TL Olivenöl
10 g frische Hefe
500 g Weizenmehl (Type 550)

**Für die Pizzasauce:**

1 Knoblauchzehe
1 kleine Dose Schältomaten (400 g Abtropfgewicht)
2 EL Olivenöl
½ TL Oregano, gerebelt
½ TL Basilikum, gerebelt
Salz
gem. Pfeffer

**Für den Belag:**

24 Garnelen, roh mit Schale, etwa 600 g
2–3 Stängel Petersilie
1 Knoblauchzehe
abger. Schale und Saft von 1 Zitrone (unbehandelt, ungewachst)
2–3 EL Olivenöl
200 g ger. Pizza-Käse

**Pro Portion:**

E: 43 g, F: 30 g, Kh: 97 g
kcal: 842

**1.** Zutaten für den Teig der Reihe nach in eine Küchenmaschine geben und in 10–15 Minuten (Knethaken) zu einem glatten Teig kneten. Alternativ einen Mixer (Knethaken) verwenden. Nach dem Kneten den Teig in einer Schüssel mit einem feuchten Tuch bedecken und etwa 1 Stunde gehen lassen.

**2.** Den Teig in vier gleichgroße Stücke teilen, zu Kugeln formen, wieder abdecken und noch mal etwa 1 Stunde gehen lassen.

**3.** Für die Pizzasauce die Knoblauchzehe abziehen, durch eine Knoblauchpresse drücken und zusammen mit den Schältomaten, Olivenöl und Gewürzen pürieren (nicht kochen). Sauce mit Salz und Pfeffer (evtl. auch mit Zucker) abschmecken und kalt stellen.

**4.** Für den Belag Garnelen schälen, den Darm entfernen. Garnelen längs halbieren, waschen und trocken tupfen. Petersilie abspülen und trocken schütteln. Petersilienblätter von den Stielen zupfen und hacken. Knoblauch abziehen, durch eine Knoblauchpresse drücken und zusammen mit Zitronenschale und -saft sowie Olivenöl in einer Schüssel verrühren. Garnelen mit Salz und frisch gemahlenem Pfeffer würzen und in die Marinade geben.

**5.** Den Backofen vorheizen.
Ober-/Unterhitze: etwa 260 °C
Heißluft: etwa 240 °C
Dabei ein Backblech mit der unteren Seite nach oben (2. Einschub von unten) mit in den Backofen schieben.

**6.** Pizzateigkugeln nach der Teiggehzeit auf einer bemehlten Arbeitsfläche dünn ausrollen oder ziehen und auf einen leicht bemehlten Pizzaschieber oder z. B. ein Tortenblech legen. ¼ der Tomatensauce mit einer Kelle von innen nach außen auf dem Pizzateig verteilen. Dabei den Rand frei lassen. ¼ vom Pizzakäse auf der Sauce verteilen. 6 marinierte Garnelen kreisförmig auf dem Käse verteilen und etwas von der restlichen Marinade darüberträufeln.

**7.** Fertig belegte Pizza auf das aufgeheizte Backblech schieben/legen und in **4–6 Minuten backen.** Restliche Pizzen ebenso ausrollen, belegen und backen.

**8.** Pizzen bei Bedarf mit frisch gehackter Petersilie oder gerebeltem Oregano bestreuen.

Lieblingsrezept Nr.

# 15

# PIZZA MIT QUARK-ÖL-TEIG

Zubereitungszeit: 40 Minuten
Backzeit: etwa 25 Minuten

**ZUTATEN FÜR 8 STÜCKE**

**Für den Quark-Öl-Teig:**
- 300 g Weizenmehl
- 3 gestr. TL Backpulver
- 125 g Magerquark
- 100 ml Milch (3,5 % Fett)
- 100 ml Sonnenblumenöl
- 1 Prise Salz

**Für den Belag:**
- 400 g Tomatenstücke (aus der Dose)
- ½ TL Paprikapulver rosenscharf
- ½ TL gerebelter Oregano
- 1 TL gerebeltes Basilikum
- Salz
- gem. Pfeffer
- 200 g abgetropfter Mozzarella
- 1 kleine Zwiebel
- 100 g Kochschinken
- 40 g Salami, in Scheiben
- 50 g abgetropfte schwarze Oliven, entsteint
- 200 g ger. Gouda
- 6 TL grünes Pesto
- 135 g abgetropfter Thunfisch (in Öl, aus der Dose)

**Pro Stück:**
E: 25 g, F: 36 g, Kh: 32 g
kcal: 556

1. Den Backofen vorheizen.
Ober-/Unterhitze: etwa 200 °C
Heißluft: etwa 180 °C

2. Für den Teig Mehl mit Backpulver in einer Rührschüssel mischen. Quark, Milch, Sonnenblumenöl und Salz hinzufügen. Die Zutaten mit einem Mixer (Knethaken) zunächst kurz auf niedrigster, dann auf höchster Stufe in etwa 1 Minute zu einem Teig verarbeiten (nicht zu lange, Teig klebt sonst).

3. Den Teig leicht mit Mehl bestäuben und auf einer leicht bemehlten Arbeitsfläche zu einer Rolle formen. Den Teig auf einem Backblech (30 x 40 cm, gefettet) ausrollen.

4. Für den Belag Tomatenstücke mit den Gewürzen und Kräutern verrühren, mit Salz und Pfeffer abschmecken. Mozzarella in Scheiben schneiden. Zwiebel abziehen, halbieren und in feine Scheiben schneiden. Schinken in Würfel schneiden. Salamischeiben evtl. halbieren. Oliven in Scheiben schneiden.

5. Die Tomatenmasse gleichmäßig auf dem Teig verstreichen, am Rand etwa 1 cm frei lassen. Etwa ein Drittel des geriebenen Käses daraufstreuen.

6. Ein Viertel der Pizza mit Mozzarellascheiben und Pesto, ein Viertel mit Thunfisch und Zwiebelscheiben, ein Viertel mit Kochschinken und ein Viertel mit Salami und Oliven belegen. Den restlichen geriebenen Käse darauf verteilen, den Mozzarella dabei aussparen.

7. Das Backblech in den vorgeheizten Backofen schieben. Die Pizza **etwa 25 Minuten backen.**

Lieblingsrezept Nr.
16

# PIZZA MIT SPINAT-BOHNEN-BELAG

Zubereitungszeit: 45 Minuten
Teiggeh-/Ruhezeit: etwa 45 Minuten
Backzeit: etwa 10–15 Minuten
Vegan

## ZUTATEN FÜR 4 PORTIONEN

**Für den Hefeteig:**

- 300 g Weizenmehl (Type 550)
- 20 g frische Hefe
- 170 ml lauwarmes Wasser
- 1 Prise Zucker
- 2 EL Olivenöl
- 1 gestr. TL Salz

**Für den Belag:**

- 500 g Blattspinat
- 2 große Zwiebeln
- 1 Knoblauchzehe
- 2 Tomaten
- 200 ml Pizzatomaten (aus der Dose)
- 6 EL Olivenöl
- Salz, gem. Pfeffer
- ger. Muskatnuss
- 240 g weiße Bohnen (aus der Dose)

**Für die Bechamelsauce:**

- 20 g vegane Margarine
- 15 g Weizenmehl (Type 550)
- 200 ml Mandeldrink (natur)
- 1 EL Mandel- oder Cashewmus (30 g)
- 50 ml vegane Pflanzencreme
- 2 EL Hefeflocken

**Pro Portion:**

E: 21 g, F: 31 g, Kh: 72 g
kcal: 680

1. Für den Teig Mehl in eine Rührschüssel geben. Hefe zerbröseln und in dem Wasser auflösen. Zucker unterrühren. Hefewasser zum Mehl in die Rührschüssel geben und mit einem Mixer (Knethaken) zunächst kurz auf niedrigster Stufe unterarbeiten. Dann Olivenöl und Salz nach und nach unterkneten. Den Teig auf höchster Stufe in etwa 5 Minuten zu einem glatten, geschmeidigen Teig verarbeiten.

2. Den Teig zugedeckt an einem warmen Ort gehen lassen, bis er sich sichtbar vergrößert hat, etwa 30 Minuten.

3. Für den Belag Spinat verlesen, gründlich waschen und abtropfen lassen. Die groben Stiele entfernen. Zwiebeln und Knoblauch abziehen. Zwiebeln zuerst in Scheiben schneiden, dann in Ringe teilen. Knoblauch in Scheiben schneiden. Tomaten abspülen, trocken tupfen, halbieren und die Stängelansätze herausschneiden. Tomaten fein würfeln und abtropfen lassen. Pizzatomaten ebenfalls etwas abtropfen lassen.

4. Drei Esslöffel Olivenöl in einer großen Pfanne erhitzen. Zwiebelringe und Knoblauchscheiben darin kurz andünsten, auf einen Teller geben und beiseitestellen. Spinat portionsweise in das heiße Fett geben und nach und nach unter Rühren zusammenfallen lassen. Mit Salz, gemahlenem Pfeffer und Muskat würzen. Spinat in einem Sieb gut abtropfen lassen.

5. Für die Sauce Margarine in einem Topf zerlassen. Das Mehl darin leicht anschwitzen. Unter Rühren mit Mandeldrink ablöschen, zum Kochen bringen und unter Rühren bei schwacher Hitze kurz kochen lassen.

6. In der Zwischenzeit dieg Bohnen in ein Sieb geben, kalt abspülen und abtropfen lassen. Bohnenkerne grob hacken.

7. Mandel- bzw. Cashewmus, Pflanzencreme und Hefeflocken unter die Sauce rühren. Mit Salz, Pfeffer und Muskat abschmecken.

8. Den gegangenen Teig auf der leicht bemehlten Arbeitsfläche nochmals gut durchkneten und anschließend auf einem Backblech (30 x 40 cm, gefettet, mit Backpapier belegt) ausrollen.

9. Den Teig mit dem restlichen Olivenöl bestreichen. Die Pizzatomatenstücke darauf verteilen. Mit Salz und Pfeffer würzen. Spinat, Bohnen, Zwiebel und frische Tomatenwürfel darauf verteilen. Mit der Sauce beträufeln. Den Teig zugedeckt an einem warmen Ort so lange gehen lassen, bis er sich sichtbar vergrößert hat, etwa 15 Minuten.

Lieblingsrezept Nr.

# 17

**10.** Den Backofen vorheizen.
Ober-/Unterhitze: etwa 240 °C
Heißluft: etwa 220 °C

**11.** Das Backblech in den vorgeheizten Backofen schieben (untere Einschubleiste). Die Pizza **in etwa 10–15 Minuten goldbraun backen.**

# PIZZA MIT ZUCCHINI

Zubereitungszeit: 1 Stunde
Ruhe-/Teiggehzeit: etwa 55 Minuten
Backzeit: 12–14 Minuten
Vegetarisch

## ZUTATEN FÜR 12 PORTIONEN

**Für den Teig:**

20 g frische Hefe
440 ml lauwarmes Wasser
2 TL Zucker
800 g Weizenmehl (Type 550)
2 gestr. TL Salz
4 EL Olivenöl

**Für den Belag:**

je 2 grüne und gelbe Zucchini (etwa 800 g)
2 rote Zwiebeln (etwa 200 g)
500 ml passierte Tomaten (aus der Dose)
Salz
gem. Pfeffer
50 g abgetropfte kleine Kapern (aus dem Glas)
300 g abgetropfte, schwarze Oliven, entsteint
100 g grob ger. Pecorino

**Pro Portion:**

E: 12 g, F: 13 g, Kh: 54 g
kcal: 387

1. Für den Teig die Hefe zerbröseln und in 40 ml Wasser auflösen, Zucker unterrühren. 4 Esslöffel von dem Mehl unterrühren und den Hefeansatz etwa 10 Minuten ruhen lassen, bis sich Blasen bilden.

2. Restliches Mehl in die Rührschüssel einer Küchenmaschine geben. Restliches Wasser, Salz, Olivenöl und den Hefeansatz hinzugeben. Die Zutaten mit einer Küchenmaschine (Knethaken) zunächst kurz auf niedrigster, dann auf höchster Stufe in etwa 5 Minuten zu einem glatten Teig verarbeiten. Den Teig zugedeckt so lange an einem warmen Ort gehen lassen, bis er sich sichtbar vergrößert hat, etwa 45 Minuten.

3. Für den Belag Zucchini abspülen, abtrocknen und die Enden abschneiden. Zucchini in etwa 3 mm dicke Scheiben schneiden. Die Zwiebeln abziehen und in dünne Spalten schneiden.

4. Den gegangenen Teig halbieren und jeweils auf der mit Mehl bestäubten Arbeitsfläche in Backblechgröße ausrollen. 2 Backbleche (je 30 x 40 cm, gefettet) mit der Teigplatte auslegen. Bei Bedarf den Teig am Rand etwas hochdrücken.

5. Den Backofen vorheizen.
Ober-/Unterhitze: etwa 220 °C
Heißluft: etwa 200 °C

6. Die passierten Tomaten dünn auf den Teigen verstreichen. Zucchinischeiben und Zwiebelspalten darauf verteilen, mit Salz und Pfeffer würzen. Kapern und Oliven darauf verteilen. Käse daraufstreuen.

7. Die Backbleche nacheinander (bei Heißluft zusammen) in den vorgeheizten Backofen schieben. Die Pizzen **12–14 Minuten je Backblech backen.**

**TIPP:**

Nach dem Backen die Pizzen mit etwas Olivenöl beträufeln und mit Basilikumblättchen bestreuen.

Lieblingsrezept Nr.

# 18

# PIZZASCHNECKEN-LOLLIS

Zubereitungszeit: 40 Minuten
Teiggeh-/Ruhezeit: etwa 75 Minuten
Backzeit: etwa 25 Minuten
Vegetarisch

### ZUTATEN FÜR 16 STÜCK

**Für den Teig:**

- 42 g frische Hefe
- 250 ml lauwarmes Wasser
- 500 g Dinkelmehl (Type 630)
- 1 Prise Zucker
- 50 ml Olivenöl
- 1 gestr. TL Salz

**Für die Füllung:**

- 1 kleine rote Paprikaschote
- 100 g Champignons
- ½ Bund Basilikum
- 120 g passierte Tomaten (aus der Packung)
- Salz
- gem. Pfeffer
- 150 g ger. Emmentaler

Zusätzlich:

- 1 Zahnstocher
- 16 Papierstrohhalme

**Pro Stück:**

E: 12 g, F: 10 g, Kh: 36 g
kcal: 289

**1.** Für den Teig Hefe in eine Schüssel mit Wasser bröseln. 1 Esslöffel Mehl und Zucker hinzugeben und alles verrühren. Den Hefeansatz etwa 15 Minuten gehen lassen.

**2.** Restliches Mehl mit Olivenöl und Salz in einer Rührschüssel mischen. Hefegemisch hinzufügen und mit einem Mixer (Rührstäbe) zunächst kurz auf niedrigster, dann auf höchster Stufe in etwa 5 Minuten zu einem glatten Teig verarbeiten.

**3.** Den Teig zugedeckt so lange an einem warmen Ort gehen lassen, bis er sich sichtbar vergrößert hat, etwa 30 Minuten.

**4.** Für die Füllung Paprikaschote halbieren, entstielen, entkernen und die weißen Scheidewände entfernen. Schote abspülen, abtropfen lassen und würfeln. Pilze putzen, evtl. kurz abspülen, trocken tupfen und ebenfalls würfeln.

**5.** Basilikum abspülen, trocken tupfen und die Blättchen von den Stängeln zupfen. Blättchen fein schneiden und mit den passierten Tomaten mischen. Mit Salz und Pfeffer würzen.

**6.** Den Teig halbieren und auf einer leicht bemehlten Arbeitsfläche zu 2 Rechtecken (etwa 20 x 30 cm) ausrollen. Die Tomatensauce gleichmäßig daraufstreichen und die Gemüsewürfel darauf verteilen. 50 g Käse darüberstreuen.

**7.** Den Teig jeweils von der langen Seite aus aufrollen. Enden abschneiden. Rolle in je 8 Stücke schneiden und auf 2 Backbleche (mit Backpapier belegt) verteilen.

**8.** Die Pizzaschnecken mit dem restlichen Käse bestreuen, nochmals zugedeckt so lange an einem warmen Ort gehen lassen, bis sie sich sichtbar vergrößert haben, etwa 30 Minuten.

**9.** In der Zwischenzeit den Backofen vorheizen.
Ober-/Unterhitze: etwa 180 °C
Heißluft: etwa 160 °C

**10.** Die Backbleche nacheinander (bei Heißluft zusammen) in den vorgeheizten Backofen schieben. Pizzaschnecken **etwa 25 Minuten backen.**

**11.** Die Backbleche auf Kuchenroste stellen und die Pizzaschnecken etwas abkühlen lassen. Dann Pizzaschnecken jeweils vom Backblech nehmen und weiter auf dem Kuchenrost abkühlen lassen.

**12.** Mit dem Zahnstocher jeweils an einer Seite ein kleines Loch vorbohren und einen Strohhalm hineinstecken.

Lieblingsrezept Nr.

# 19

# ROTE-ZWIEBEL-PIZZA MIT FEIGEN UND ZIEGENKÄSE

Zubereitungszeit: 45 Minuten
Teiggeh-/Ruhezeit: etwa 45 Minuten
Backzeit: etwa 23 Minuten
Vegetarisch

## ZUTATEN FÜR 4 PORTIONEN

**Für den Teig:**

- 350 g Weizenmehl (Type 550)
- 2 TL Trockenbackhefe
- 1 gest. TL Salz
- 200 ml lauwarmes Wasser

**Für die Sauce:**

- 75 g passierte Tomaten (aus der Packung)
- Salz
- gem. schwarzer Pfeffer

**Für den Belag:**

- 150 g rote Zwiebeln
- 125 g abgetropfter Mozzarella
- 1 TL Fenchelsamen
- 60 g Ziegenkäse-Rolle
- 150 g frische Feigen (etwa 3 Stück)
- etwa 10 kleine Salbeiblättchen
- 1 ½ EL Olivenöl

**Pro Portion:**

E: 19 g, F: 16 g, Kh: 70 g
kcal: 514

**1.** Für den Teig Mehl in eine Rührschüssel geben und mit der Trockenbackhefe und Salz vermischen. Lauwarmes Wasser hinzugießen. Die Zutaten mit dem Mixer (Knethaken) kurz auf niedrigster, dann auf höchster Stufe in etwa 5 Minuten zu einem glatten Teig verarbeiten. Den Teig zugedeckt so lange an einem warmen Ort gehen lassen, bis er sich sichtbar vergrößert hat, etwa 30 Minuten.

**2.** Für die Sauce passierte Tomaten mit etwas Salz und Pfeffer würzen.

**3.** Für den Belag Zwiebeln abziehen, zuerst in dünne Scheiben schneiden, dann in Ringe teilen. Mozzarella würfeln und mit Fenchelsamen mischen. Ziegenkäse in dünne Scheiben schneiden.

**4.** Ein Backblech (30 x 40 cm) in den Ecken leicht einfetten und mit Backpapier belegen.

**5.** Den Teig halbieren, auf einer leicht bemehlten Arbeitsfläche in dem Mehl wenden. Die beiden Teigportionen auf das vorbereitete Backblech geben und mit bemehlten Händen zu je einem etwa 1 cm dicken Fladen (etwa 16 x 30 cm) formen oder mit der Teigrolle auf dem Backblech kurz in Fladenform ausrollen.

**6.** Die Teigfladen mit der Tomatensauce bestreichen. Die Zwiebelringe verteilen. Mit Salz und Pfeffer würzen. Dann mit den Mozzarellawürfeln und Ziegenkäsescheiben belegen.

**7.** Die Fladen nochmals so lange an einem warmen Ort gehen lassen, bis sie sich sichtbar vergrößert haben, etwa 15 Minuten.

**8.** Den Backofen in der Zwischenzeit vorheizen.
Ober-/Unterhitze: etwa 220 °C.
Heißluft: nicht empfehlenswert.

**9.** Das Backblech in den vorgeheizten Backofen (unterste Schiene) schieben. Die Rote-Zwiebel-Pizza bei Ober-/Unterhitze **in etwa 23 Minuten goldbraun backen.**

**10.** Die Feigen abspülen, trocken tupfen und entstielen. Feigen mit der Schale in dünne Scheiben schneiden. Salbeiblättchen abspülen, trocken tupfen und mit Olivenöl vermischen (so verbrennen sie nicht). Nach etwa 15 Minuten Backzeit die Feigenscheiben mit den Salbeiblättchen auf den Fladen verteilen und die Pizzen **in etwa 8 Minuten fertig backen.**

**11.** Die Pizza-Fladen mit dem Backpapier vom Backblech auf Kuchenroste ziehen.

Lieblingsrezept Nr.

20

# VEGANER FLAMMKUCHEN

Zubereitungszeit: 40 Minuten
Teiggeh-/Ruhezeit: 50 Minuten
Backzeit: etwa 10 Minuten
Vegan

**ZUTATEN FÜR 4 PORTIONEN**

**Für den Hefeteig:**

- 300 g Weizenmehl (Type 550)
- 10 g frische Hefe
- 170 ml lauwarmes Wasser
- 2 EL Speiseöl
- 1 gestr. TL Salz

**Für den Belag:**

- 500 g Paprikaschoten
- 500 g Lauch
- 200 g Räuchertofu
- 3 EL Olivenöl
- ½ TL getr. Thymian
- Salz
- gem. Pfeffer
- Paprikapulver edelsüß
- 200 ml Hafercuisine („Hafersahne“)
- ½ Bund glatte Petersilie

**Pro Portion:**

E: 16 g, F: 20 g, Kh: 63 g
kcal: 521

1. Für den Teig Mehl in eine Rührschüssel geben, in die Mitte eine Vertiefung eindrücken. Hefe hineinbröckeln, mit einem Drittel des Wassers und einem Teil des Mehls zu einem Teig verrühren. Den Vorteig zugedeckt etwa 10 Minuten gehen lassen.

2. Restliches Wasser, Speiseöl und Salz zum Vorteig in die Schüssel geben. Die Zutaten mit dem Mixer (Knethaken) zunächst kurz auf niedrigster, dann auf höchster Stufe in etwa 5 Minuten zu einem glatten Teig verkneten. Den Teig zugedeckt so lange an einem warmen Ort gehen lassen, bis er sich fast verdoppelt hat, etwa 40 Minuten.

3. Für den Belag die Paprikaschoten vierteln, entstielen, entkernen und die weißen Scheidewände entfernen. Die Viertel abspülen, trocken tupfen und quer in Streifen schneiden. Lauch putzen, die Stangen längs halbieren, gründlich waschen, abtropfen lassen und schräg in halbe Ringe schneiden. Tofu in kleine Würfel schneiden.

4. Olivenöl in einem Topf erhitzen, Paprikastreifen darin kurz andünsten. Lauchringe und Thymian hinzugeben und alles zugedeckt etwa 3 Minuten dünsten. Mit Salz, Pfeffer und Paprika würzen. Tofuwürfel unterheben. Abkühlen lassen. Die Masse in 4 Portionen teilen.

5. Den Backofen vorheizen.
Ober-/Unterhitze: etwa 220 °C
Heißluft: etwa 200 °C

6. Den gegangenen Teig auf der bemehlten Arbeitsfläche in 4 Portionen teilen. Drei Teigportionen zugedeckt in den Kühlschrank legen. Restliche Teigportion zu einem ovalen Fladen (etwa 40 x 28 cm) ausrollen und auf ein Backblech (mit Backpapier belegt) legen.

7. 50 ml der Hafercuisine auf dem Teig verstreichen und ein Viertel des Belages darauf verteilen. Die Backbleche nacheinander (bei Heißluft 2 Bleche zusammen) in den vorgeheizten Backofen schieben, den Flammkuchen **10–12 Minuten je Backblech backen.** Den restlichen Teig und die restlichen Zutaten auf die gleiche Weise verarbeiten.

8. Die Petersilie abspülen, trocken tupfen und die Blättchen von den Stängeln zupfen. Blättchen grob zerschneiden und auf die Flammkuchen streuen.

Lieblingsrezept Nr.

21

# GEMÜSE-QUICHE MIT KNUSPER-BLITZTEIG

Zubereitungszeit: 45 Minuten
Ruhezeit: etwa 30 Minuten
Backzeit: etwa 40 Minuten
Vegan

**ZUTATEN FÜR 4–6 PORTIONEN**

**Zum Vorbereiten:**

700 g kleine, feste Zucchini
1 Zwiebel
2 Knoblauchzehen

**Für den Teig:**

240 g Weizenmehl
1 gestr. TL Backpulver
1 gestr. TL Salz
1 Prise Zucker
80 ml Pflanzenöl
80 ml lauwarmes Wasser
etwas vegane Margarine für die Form

**Für den Belag:**

4 EL Olivenöl
Salz
gem. Pfeffer
4 Stängel Basilikum
200 g Seidentofu
1 TL Sesam- oder Cashewmus
1 TL Speisestärke
140 g abgetropfter Gemüsemais (aus der Dose)
3 mittelgroße Tomaten (etwa 300 g)
3–4 Blättchen Salbei
25 g Pinienkerne

**Pro Portion:**

E: 16 g, F: 36 g, Kh: 57 g
kcal: 629

**1.** Zum Vorbereiten Zucchini abspülen, abtrocknen und die Enden abschneiden. Zucchini in feine Scheiben schneiden. Zwiebel und Knoblauch abziehen, ebenfalls in feine Scheiben schneiden.

**2.** Für den Teig Mehl mit Backpulver in einer Rührschüssel mischen. Salz und Zucker untermischen. Pflanzenöl mit 80 ml warmem Wasser mischen und hinzugeben. Die Zutaten mit dem Mixer (Knethaken) kurz zu einem glatten Teig verkneten.

**3.** Den Teig auf einer leicht bemehlten Arbeitsfläche zu einer runden Platte (Ø etwa 30 cm) ausrollen. Die Teigplatte in eine Quiche-, Tarte- oder Springform (ø 26 cm, gefettet, mit Backpapier belegt) legen und dabei einen 3–4 cm hohen Rand formen. Den Boden mit einer Gabel mehrmals einstechen. Die Form etwa 30 Minuten in den Kühlschrank stellen.

**4.** Den Backofen vorheizen.
Ober-/Unterhitze: etwa 200 °C
Heißluft: etwa 180 °C

**5.** In der Zwischenzeit für den Belag 2 Esslöffel Olivenöl in der großen Pfanne erhitzen. Zucchinischeiben, Knoblauch- und Zwiebelscheiben darin leicht braun anbraten. Mit Salz und Pfeffer würzen. Das Gemüse in die Form geben, auf dem Boden gleichmäßig verteilen und leicht andrücken.

**6.** Basilikum abspülen, trocken tupfen und die Blättchen von den Stängeln zupfen. Tofu, Sesam- oder Cashewmus, Basilikum, Salz, Pfeffer und Speisestärke verschlagen. Mais untermischen. Die Creme auf den Zucchinischeiben verteilen. Tomaten abspülen, abtrocknen und waagerecht in Scheiben schneiden, dabei den Stängelansatz entfernen. Tomatenscheiben auf der Creme verteilen. Salbeiblättchen abspülen, trocken tupfen und in feine Streifen schneiden. Salbeistreifen mit dem restlichen Olivenöl verrühren, auf die Tomatenscheiben träufeln. Mit Pinienkernen bestreuen.

**7.** Die Form auf dem Rost in den vorgeheizten Backofen (untere Einschubleiste) schieben. Die Quiche **in etwa 40 Minuten goldbraun backen.**

**8.** Die Gemüse-Quiche ofenwarm oder abgekühlt servieren.

Lieblingsrezept Nr.

22

# GORGONZOLA-GEMÜSE-PIE

Zubereitungszeit: 40 Minuten
Backzeit: etwa 30 Minuten
Vegetarisch

**ZUTATEN FÜR 8 STÜCKE**

**Für den Streuselteig:**

200 g Weizenmehl
½ gestr. TL Salz
100 g Butter oder Margarine (zimmerwarm)
1 Ei (Größe M)
1 EL kaltes Wasser
50 g Walnusskernhälften

**Für die Füllung:**

230 g abgetropfte Birnenhälften (aus der Dose)
4 Stangen Staudensellerie (etwa 200 g)
100 g Frühlingszwiebeln
1 EL Rapsöl
2 Eier (Größe M)
200 g Schmand (Sauerrahm)
gem. Pfeffer
Salz
100–150 g Gorgonzola

**Pro Stück:**

E: 10 g, F: 29 g, Kh: 25 g
kcal: 405

**1.** Den Backofen vorheizen.
Ober-/Unterhitze: etwa 220 °C
Heißluft: etwa 200 °C

**2.** Für den Teig Mehl mit Salz, Butter oder Margarine, Ei und Wasser in eine Rührschüssel geben. Die Zutaten mit einem Mixer (Rührstäbe) zunächst kurz auf niedrigster, dann auf höchster Stufe zu feinen Streuseln verarbeiten.

**3.** Die Streusel in einer Spring- oder Tarteform (Ø 26–28 cm, gefettet, mit Backpapier belegt) verteilen, mit einem Löffelrücken zu einem Boden andrücken und einen kleinen Rand formen. Die Walnusskernhälften darauf verteilen.

**4.** Für die Füllung die Birnenhälften mit Küchenpapier trocken tupfen und in breite Spalten schneiden. Birnenspalten auf dem Streuselboden verteilen.

**5.** Sellerie putzen, abspülen, abtropfen lassen und in feine Scheiben schneiden. Frühlingszwiebeln putzen, abspülen, abtropfen lassen und in Scheiben schneiden. Rapsöl in einer Pfanne erhitzen. Selleriescheiben darin unter Wenden etwa 1 Minute anbraten. Frühlingszwiebelscheiben hinzugeben und alles etwa 1 weitere Minute braten.

**6.** Sellerie-Frühlingszwiebel-Mischung auf den Birnenspalten verteilen. Eier mit Schmand, Pfeffer und etwas Salz in einem hohen Rührbecher verschlagen. Schmand-Eier-Creme über die Zutaten in der Form gießen. Gorgonzola evtl. entrinden, in feine Würfel schneiden und daraufstreuen.

**7.** Die Form auf dem Rost in den vorgeheizten Backofen (unteres Drittel) schieben. Die Gemüse-Pie **etwa 30 Minuten backen.**

**8.** Die Pie vor dem Anschneiden und Servieren etwa 5 Minuten abkühlen lassen.

**TIPPS:**

Für ein besonderes Aroma die Sellerie-Frühlingszwiebel- Mischung mit 4 Esslöffeln trockenem Weißwein ablöschen und einkochen lassen. Zusätzlich noch 4–5 Scheiben Bacon (Frühstücksspeck) auf dem Gemüsebelag verteilen und knusprig mitbacken.

Die Pie schmeckt auch mit anderen würzigen Käsesorten zum Beispiel Munster oder Bavaria blue.

Lieblingsrezept Nr.

# 23

# KARTOFFEL-KÄSE-TARTE

Zubereitungszeit: 40 Minuten,
Kühlzeit: etwa 30 Minuten
Garzeit: 45–50 Minuten
Mit Alkohol

**ZUTATEN FÜR 12 STÜCKE**

**Zum Vorbereiten:**

200 g grüne Bohnen
Salz

**Für den Teig:**

200 g Weizenmehl (Type 1050)
6 EL Distelöl
6–7 EL Milch (3,5 % Fett)

**Für den Belag:**

100 g geräucherter, nicht zu fetter Speck
½ Bund Frühlingszwiebeln
1 EL Butter
150 ml Weißwein
1 TL gekörnte Gemüsebrühe
gem. Pfeffer
ger. Muskatnuss
300 g festkochende Kartoffeln
100 g Gruyère, im Stück
100 g Crème fraîche
100 g saure Sahne
1 TL scharfer Senf
3 Eier (Größe M)

**Zusätzlich:**

Backpapier
getrocknete Erbsen oder Bohnen zum Blindbacken

**Pro Stück:**

E: 8 g, F: 20 g, Kh: 16 g
kcal: 286

**1.** Zum Vorbereiten von den Bohnen die Enden abschneiden, evtl. abfädeln. Bohnen abspülen, abtropfen lassen und 2–3 Minuten in kochendem Salzwasser blanchieren. Anschließend die Bohnen kalt abschrecken und abtropfen lassen.

**2.** Für den Teig Mehl in eine Rührschüssel geben, mit 1 Prise Salz, Distelöl und Milch mit einem Mixer (Knethaken) zunächst kurz auf niedrigster, dann auf höchster Stufe zu einem glatten Teig verkneten.

**3.** Den Teig auf einer bemehlten Arbeitsfläche zu einer runden Platte (Ø 34–36 cm) ausrollen. Die Teigplatte in eine Springform (Ø 26–28 cm, Boden gefettet) legen und einen etwa 4 cm hohen Rand andrücken. Die Form etwa 30 Minuten kühl stellen.

**4.** In der Zwischenzeit für den Belag von dem Speck die Schwarte abschneiden, Speck in kleine Würfel schneiden. Die Frühlingszwiebeln putzen, abspülen, trocken tupfen und quer in feine Scheiben schneiden.

**5.** Den Backofen vorheizen.
Ober-/Unterhitze: etwa 180 °C
Heißluft: etwa 160 °C

**6.** Die Bohnen in kleine Stücke schneiden. Butter in einer Pfanne zerlassen. Die Speckwürfel darin anbraten. Frühlingszwiebel hinzugeben und glasig dünsten. Die Bohnen untermischen und mit andünsten. Weißwein und Gemüsebrühe unterrühren. Das Gemüse zugedeckt bei mittlerer Hitze 3–4 Minuten unter Wenden kochen, dabei die Flüssigkeit verdampfen lassen. Das Gemüse mit Salz, Pfeffer und Muskat würzen. Die Pfanne von der Kochstelle nehmen und erkalten lassen.

**7.** Den Teigboden mit einer Gabel mehrmals einstechen, mit Backpapier und getrockneten Erbsen oder Bohnen belegt in den vorgeheizten Backofen schieben und **etwa 15 Minuten vorbacken.** Dann Hülsenfrüchte und Backpapier entfernen.

**8.** In der Zwischenzeit Kartoffeln schälen, abspülen, abtropfen lassen und in sehr dünne Scheiben schneiden. Gruyère fein reiben. Crème fraîche mit saurer Sahne, Senf und Eiern verschlagen und den Käse unterrühren. Mit Salz und Pfeffer würzen. Ein Viertel der Käsemasse beiseitestellen. Restliche Käsemasse mit dem Gemüse vermischen und auf dem vorgebackenen Tarteboden verteilen. Die Kartoffelscheiben kreisförmig und dachziegelartig auf der Masse verteilen und mit der beiseitegestellten Käsemasse bestreichen.

**9.** Die Form auf dem Rost in den heißen Backofen schieben. Die Tarte **bei gleicher Backofentemperatur 30–35 Minuten backen** und warm servieren.

Lieblingsrezept Nr.

24

# KESCHDE-KUCHEN

Zubereitungszeit: 50 Minuten
Teiggeh-/Ruhezeit: etwa 45 Minuten
Backzeit: etwa 25 Minuten

## ZUTATEN FÜR 6 PORTIONEN

**Für den Hefeteig:**

- 400 g Weizenmehl (Type 550)
- 42 g frische Hefe
- 125 ml lauwarmes Wasser
- 1 Prise Zucker
- Salz
- 2 EL Speiseöl

**Für den Belag:**

- 2 Zwiebeln
- 400 g Maronen (vakuumverpackt)
- 400 g Kasseler (ohne Knochen)
- 40 g Butter
- 600 g Rotkohl
- 250 g Crème fraîche
- 4 Eigelb (Größe M)
- gem. Pfeffer
- 1 TL Kümmelsamen

**Pro Portion:**

E: 25 g, F: 34 g, Kh: 76 g
kcal: 711

**1.** Für den Teig Mehl in eine Rührschüssel geben und in die Mitte eine Vertiefung eindrücken. Hefe hineinbröckeln, mit etwas Wasser und Zucker verrühren und etwa 15 Minuten gehen lassen.

**2.** Anschließend Salz, restliches Wasser und Speiseöl hinzufügen und mit einem Mixer (Knethaken) zunächst kurz auf niedrigster, dann auf höchster Stufe in etwa 5 Minuten zu einem glatten Teig verarbeiten. Den Teig zugedeckt so lange an einem warmen Ort gehen lassen, bis er sich sichtbar vergrößert hat, etwa 30 Minuten.

**3.** In der Zwischenzeit für den Belag Zwiebeln abziehen und in kleine Würfel schneiden. Maronen und Kasseler in Streifen schneiden.

**4.** Butter in einem Topf zerlassen. Zwiebelwürfel darin andünsten, Maronen- und Kasselerstreifen hinzugeben und kurz mitdünsten lassen.

**5.** Rotkohl putzen, vierteln und den Strunk herausschneiden. Rotkohlviertel abspülen, abtropfen lassen und in Streifen schneiden.

**6.** Den Backofen vorheizen.
Ober-/Unterhitze: etwa 200 °C
Heißluft: etwa 180 °C

**7.** Den gegangenen Teig leicht mit Mehl bestäuben, aus der Schüssel nehmen und auf einem Backblech (30 x 40 cm, gefettet) ausrollen. Rotkohlstreifen darauf verteilen und mit der Maronen-Kasselermischung belegen.

**8.** Crème fraîche und Eigelb verschlagen, mit Salz, Pfeffer und Kümmel würzen und auf dem Belag verteilen. Das Backblech in den vorgeheizten Backofen schieben. Den Keschde-Kuchen **etwa 25 Minuten backen.**

### TIPPS:

Statt des Hefeteiges kann auch Blätterteig oder Knetteig ohne Zucker verwendet werden.

Keschde ist in der Pfalz die Bezeichnung für Maronen (Esskastanien).

Lieblingsrezept Nr.

25

# KÜRBIS-QUICHE

Zubereitungszeit: 25 Minuten
Backzeit: etwa 30 Minuten
Vegetarisch

## ZUTATEN FÜR 12 STÜCKE

**Für den Streuselteig:**

200 g Weizenmehl
½ gestr. TL Salz
90 g Butter oder Margarine (zimmerwarm)
1 Ei (Größe M)
1–2 EL kaltes Wasser

**Für die Füllung:**

½ kleiner Hokkaido-Kürbis (etwa 250 g Kürbisfruchtfleisch)
200 g Schmand (Sauerrahm)
2 Eier (Größe M)
1–2 TL gerebelter Salbei, Thymian oder Rosmarin
Salz
gem. Pfeffer
125 g Fetakäse

**Pro Stück:**

E: 6 g, F: 14 g, Kh: 14 g
kcal: 208

**1.** Den Backofen vorheizen.
Ober-/Unterhitze: etwa 220 °C
Heißluft: etwa 200 °C

**2.** Für den Teig Mehl in eine Rührschüssel geben. Salz, Butter oder Margarine, Ei und Wasser hinzufügen. Die Zutaten mit einem Mixer (Rührstäbe) zunächst kurz auf niedrigster Stufe, dann auf höchster Stufe zu feinen Streuseln verarbeiten.

**3.** Die Streusel in einer Springform (Ø 26 cm, gefettet, mit Backpapier belegt) verteilen, mit einem Löffelrücken oder leicht bemehlten Händen zu einem Boden andrücken und einen kleinen Rand formen.

**4.** Für die Füllung Kürbis abspülen, abtrocknen, entkernen und grob raspeln. Schmand mit den Eiern und Kräutern verschlagen. Kürbisraspel unterrühren, mit Salz und Pfeffer kräftig würzen. Die Kürbis-Schmand-Mischung auf dem Streuselboden verteilen. Fetakäse fein zerkrümeln oder raspeln und daraufstreuen.

**5.** Die Form auf dem Rost in den vorgeheizten Backofen (unteres Drittel) schieben. Die Quiche **etwa 30 Minuten backen.**

**6.** Die Kürbis-Quiche vor dem Anschneiden und Servieren etwa 3 Minuten abkühlen lassen.

### TIPPS:

Statt mit Kräutern die Kürbismischung mit etwas Curry und grob geschrotetem Chili würzen.

Zusätzlich etwa 250 g geräucherte Hähnchenbrust in Würfel schneiden und mit der Kürbismischung auf dem Boden verteilen.

Lieblingsrezept Nr.

# 26

# ORIENTALISCHE PAPRIKA-TARTE

Zubereitungszeit: 10 Minuten
Backzeit: etwa 35 Minuten
Vegetarisch

**ZUTATEN FÜR 12 STÜCKE**

- 1 Pck. frischer Quiche- oder Tarteteig (300 g, Kühlregal, rund (Ø 32 cm) ausgerollt auf Backpapier)
- 260 g abgetropfte Kichererbsen (aus der Dose)
- 200 g abgetropfte, geröstete Paprikastücke (aus dem Glas)
- 1 rote Zwiebel (etwa 70 g)
- 75 g abgetropfte schwarze Oliven, entsteint
- 200 g Doppelrahm-Frischkäse
- 50 g Tahini (Sesampaste, aus dem Glas)
- 3 Eier (Größe M)
- 1 TL Speisestärke
- Salz
- gem. Pfeffer
- evtl. einige vorbereitete Koriander- oder Petersilienblättchen

**Pro Stück:**

E: 8 g, F: 16 g, Kh: 16 g
kcal: 253

1. Den Backofen vorheizen.
Ober-/Unterhitze: etwa 200 °C
Heißluft: etwa 180 °C

2. Eine Spring- oder Tarteform (Ø 26–28 cm) mit dem fertigen Teig auslegen, dabei einen kleinen Rand hochdrücken.

3. Kichererbsen in einem Sieb abspülen und abtropfen lassen. Paprikastücke in Streifen schneiden. Zwiebel abziehen, zuerst in feine Scheiben schneiden, dann in Ringe teilen. Kichererbsen, Paprikastreifen, Zwiebelringe und Oliven auf dem Teigboden verteilen.

4. Frischkäse mit Tahini, Eiern, Speisestärke, Salz und Pfeffer verschlagen. Die Frischkäsemasse über die Gemüsezutaten träufeln.

5. Die Form auf dem Rost in den vorgeheizten Backofen (unterste Einschubleiste) schieben. Die Tarte **in etwa 35 Minuten goldbraun und knusprig backen.**

6. Die Form auf einen Rost stellen. Die Tarte kurz abkühlen lassen. Dann aus der Form lösen, in Stücke schneiden und nach Belieben mit vorbereiteten Kräutern bestreut servieren.

**TIPPS:**

Die abgetropfte Flüssigkeit der Kichererbsen (auch Aquafaba genannt) kann als veganer Eiweißersatz verwendet werden. Dazu die Flüssigkeit mit 1 Prise Salz mit dem Mixer (Rührstäbe) oder in der Küchenmaschine mindestens 5 Minuten dickschaumig aufschlagen. Nach Belieben nach und nach etwas Zucker untermixen. Aquafaba, wie Eischnee, zur Lockerung unter Teigmassen (z. B. veganer Kaiserschmarrn-Teig) heben.

Lieblingsrezept Nr.

# 27

# PAPRIKAKUCHEN

Zubereitungszeit: 40 Minuten
Backzeit: etwa 40 Minuten
Vegetarisch

## ZUTATEN FÜR 20 STÜCKE

**Für den Belag:**

- 200 g Zwiebeln
- 2 Knoblauchzehen
- 1 ½ kg Paprikaschoten (rot, grün und gelb)
- 3 EL Olivenöl
- 2 TL gerebelter Thymian
- Salz
- gem. schwarzer Pfeffer
- Paprikapulver rosenscharf

**Für den Hefeteig:**

- 375 g Weizenmehl
- 1 Pck. Hefeteig Garant
- 1 TL flüssiger Honig
- 1 gestr. TL Salz
- 4 EL Olivenöl
- 200 ml Wasser

**Für den Guss und zum Bestreuen:**

- 250 g Schlagsahne (mind. 30% Fett)
- 4 Eier (Größe M)
- 50 g Kürbiskerne

**Pro Stück:**

E: 5 g, F: 10 g, Kh: 19 g
kcal: 190

1. Für den Belag Zwiebeln abziehen, zuerst in Scheiben schneiden, dann in Ringe teilen. Knoblauch abziehen und durch eine Knoblauchpresse drücken oder sehr fein hacken.

2. Die Paprikaschoten halbieren, entstielen, entkernen und die weißen Scheidewände entfernen. Die Schoten abspülen, abtropfen lassen, vierteln und quer in etwa 1 cm breite Streifen schneiden.

3. Olivenöl in einem großen, breiten Topf erhitzen. Die Zwiebelringe und den Knoblauch darin unter Rühren etwa 5 Minuten dünsten. Paprikastreifen und Thymian hinzugeben und alles zugedeckt 5–8 Minuten bei mittlerer Hitze dünsten. Das Paprikagemüse mit Salz, Pfeffer und Paprika würzen, etwa 20 Minuten abkühlen lassen.

4. Für den Teig Mehl mit Hefeteig Garant, Honig, Salz, Olivenöl und Wasser in eine Rührschüssel geben. Die Zutaten mit einem Mixer (Knethaken) zunächst kurz auf niedrigster, danach auf höchster Stufe in etwa 2 Minuten zu einem glatten Teig verarbeiten.

5. Den Backofen vorheizen.
Ober-/Unterhitze: etwa 200 °C
Heißluft: etwa 180 °C

6. Den Teig auf der leicht bemehlten Arbeitsfläche kurz zu einer Rolle verkneten. Die Teigrolle auf einem Backblech (30 x 40 cm, gefettet) ausrollen und an den Seiten etwas hochdrücken.

7. Für den Guss Sahne mit Eiern verschlagen und unter das Paprikagemüse rühren. Nochmals gut mit Salz, Pfeffer und Paprika abschmecken. Paprikagemüse auf den Teig geben und glatt streichen. Die Kürbiskerne daraufstreuen.

8. Das Backblech in den vorgeheizten Backofen schieben. Den Paprikakuchen **etwa 40 Minuten backen.**

9. Das Backblech auf einen Kuchenrost stellen. Den Paprikakuchen warm oder kalt servieren.

Lieblingsrezept Nr.

# 28

# PIKANTE ZWETSCHEN-TARTE MIT ZWEIERLEI KÄSE

Zubereitungszeit: 50 Minuten,
Kühlzeit: etwa 30 Minuten
Backzeit: 35–40 Minuten
Vegetarisch

**ZUTATEN FÜR 12 STÜCKE**

**Für den Knetteig:**

250 g Weizenmehl
½ gestr. TL Backpulver
½ gestr. TL Salz
150 g kalte Butter
1 Ei (Größe M)

**Für den Belag:**

275 g Zwetschen
3 Stängel Thymian
2 große Frühlingszwiebeln
150 g Crème fraîche
Salz
gem. Pfeffer
1 Eigelb (Größe M)
200 g junger Taleggio (ital. Weichkäse, alternativ z. B. Chaumes)
100 g Ziegenfrischkäse-Rolle
1 TL flüssiger Honig
50 g Pinienkerne

**Pro Stück:**

E: 9 g, F: 22 g, Kh: 19 g
kcal: 314

**1.** Für den Teig Mehl mit Backpulver und Salz in einer Rührschüssel mischen. Butter in Stückchen und Ei hinzufügen. Die Zutaten mit einem Mixer (Knethaken) kurz zu einem glatten Teig verkneten. Den Teig zu einer Scheibe formen und in Frischhaltefolie gewickelt etwa 30 Minuten in den Kühlschrank legen.

**2.** In der Zwischenzeit für den Belag Zwetschen entstielen, abspülen, abtrocknen, halbieren und entsteinen. Zwetschen in Spalten schneiden. Thymian abspülen, trocken tupfen und die Blättchen von den Stängeln zupfen. Frühlingszwiebeln putzen, abspülen, abtropfen lassen und fein schneiden.

**3.** Den Backofen vorheizen.
Ober-/Unterhitze: etwa 180 °C
Heißluft: etwa 160 °C

**4.** Den Teig auf einer leicht bemehlten Arbeitsfläche dünn zu einer runden Platte (Ø etwa 26 cm) ausrollen. Eine Tarteform (Ø 26 cm, gefettet, bemehlt) mit der Teigplatte auslegen und einen kleinen Rand formen. Den Boden mit einer Gabel mehrmals einstechen. Crème fraîche mit etwas Salz, Pfeffer, einigen Thymianblättchen und Eigelb verrühren. Die Creme auf dem Boden verstreichen.

**5.** Zwetschenspalten auf der Creme verteilen. Taleggio und Ziegenfrischkäse in Scheiben schneiden und auf der Tarte verteilen. Restliche Thymianblättchen daraufstreuen. Mit Pfeffer würzen, Honig über die Ziegenkäsescheiben träufeln und mit Pinienkernen bestreuen.

**6.** Die Tarte auf dem Rost in den vorgeheizten Backofen (untere Einschubleiste) schieben. Die Tarte **in 35–40 Minuten goldbraun backen.**

**TIPP:**

Wenn es einmal schnell gehen soll, einen fertigen neutralen Tarte-/Mürbeteig (aus dem Kühlregal, 300 g Packung rund ausgerollt) als Boden verwenden.

Lieblingsrezept Nr.

# 29

# PLOATZ (HESSISCHER ZWIEBELKUCHEN)

Zubereitungszeit: 50 Minuten
Teiggeh-/Ruhezeit: etwa 30 Minuten
Backzeit: etwa 50 Minuten

**ZUTATEN FÜR 6 PORTIONEN**

1 Pck. Natursauerteig (Fertigprodukt, 75 g)
500 g Weizenmehl
1 kg mehligkochende Kartoffeln
Salz
1 Gemüsezwiebel
200 g gewürfelter Schinkenspeck
2 große Stangen Lauch
250 ml Milch (3,5 % Fett)
Salz
ger. Muskatnuss
150 g Crème fraîche
2 Eier (Größe M)
75 g Butter
evtl. einige Petersilienblättchen

**Pro Portion:**

E: 26 g, F: 25 g, Kh: 92 g
kcal: 780

**1.** Den Sauerteig mit dem Mehl nach Packungsanleitung zubereiten.

**2.** Sauerteig auf einem Backblech (30 x 40 cm, gefettet) ausrollen. Den Teig mehrmals mit einer Gabel einstechen und zugedeckt an einem warmen Ort etwa 30 Minuten gehen lassen.

**3.** Den Backofen vorheizen.
Ober-/Unterhitze: etwa 180 °C
Heißluft: etwa 160 °C

**4.** Kartoffeln schälen, abspülen, abtropfen lassen und in kochendem Salzwasser in etwa 30 Minuten gar kochen.

**5.** Zwiebel abziehen, halbieren und grob würfeln. Speckwürfel in einer Pfanne ohne Fett auslassen, Zwiebelwürfel hinzugeben und andünsten.

**6.** Lauch putzen, die Stangen längs halbieren, gründlich waschen, abtropfen lassen und in Streifen schneiden. Lauchstreifen in kochendem Wasser kurz blanchieren, mit kaltem Wasser abschrecken und in einem Sieb abtropfen lassen.

**7.** Milch erhitzen. Gegarte Kartoffeln abgießen und noch heiß durch eine Kartoffelpresse drücken. Die heiße Milch unterschlagen. Kartoffelpüree mit Salz und Muskat würzen.

**8.** Speck- und Zwiebelwürfel, Crème fraîche, Lauchstreifen und Eier zum Kartoffelpüree geben und gut unterrühren. Die Kartoffelmasse auf dem Sauerteig verstreichen. Butter in Flöckchen daraufsetzen.

**9.** Das Backblech in den vorgeheizten Backofen schieben. Ploatz etwa 50 Minuten backen.

**10.** Ploatz nach Belieben mit abgespülten, trocken getupften Petersilienblättchen garnieren. Warm servieren.

**TIPPS:**

Statt Butterflöckchen etwa 15 Minuten vor Ende der Backzeit 150 g Crème fraîche mit Kräutern auf dem Belag verteilen.

Lieblingsrezept Nr.

# 30

# PROVENZALISCHE TOMATEN-TARTE

Zubereitungszeit: 30 Minuten
Backzeit: etwa 30 Minuten

## ZUTATEN FÜR 8 STÜCKE

**Für den Streuselteig:**

- 200 g Weizenmehl
- ½ gestr. TL Salz
- 100 g Butter oder Margarine (zimmerwarm)
- 1 Ei (Größe M)
- 1 EL kaltes Wasser

**Für den Belag:**

- 250 g Cocktailtomaten
- 3 Eier (Größe M)
- 150 g Ziegenfrischkäse
- Salz
- gem. Pfeffer
- 1 TL getrocknete Kräuter der Provence

**Pro Portion:**

E: 7 g, F: 18 g, Kh: 20 g
kcal: 271

1. Den Backofen vorheizen.
Ober-/Unterhitze: etwa 220 °C
Heißluft: etwa 200 °C

2. Für den Teig Mehl mit Salz, Butter oder Margarine, Ei und Wasser in eine Rührschüssel geben. Die Zutaten mit einem Mixer (Rührstäbe) zunächst kurz auf niedrigster, dann auf höchster Stufe zu feinen Streuseln verarbeiten.

3. Die Streusel in einer Springform (Ø 26 cm, gefettet, mit Backpapier belegt) verteilen, mit einem Löffelrücken oder leicht bemehlten Händen zu einem Boden andrücken und einen kleinen Rand formen.

4. Die Tomaten abspülen, abtrocknen, halbieren und die Stängelansätze herausschneiden. Tomatenhälften auf dem Teigboden verteilen.

5. Eier mit Frischkäse, etwas Salz und Pfeffer in einen hohen Rührbecher geben und mit einem Mixer (Rührstäbe) verschlagen. Die Kräuter unter die Creme rühren. Die Creme gleichmäßig auf den Tomatenhälften verteilen.

6. Die Form auf dem Rost in den vorgeheizten Backofen (unteres Drittel) schieben. Die Tomaten-Tarte **etwa 30 Minuten backen.**

7. Die Tarte vor dem Anschneiden und Servieren etwa 5 Minuten abkühlen lassen.

**Rezeptvariante:**
Probieren Sie auch die provenzalische **Thunfisch- Tarte.** Dazu den Backofen auf Ober-/Unterhitze: etwa 180 °C oder Heißluft: etwa 160 °C vorheizen. 50 g abgetropfte, schwarze, entsteinte Oliven in dünne Scheiben schneiden. 280 g abgetropften Thunfisch in Öl mit einer Gabel in Stücke zupfen. Für den Teig 100 g Weizenmehl (Type 550), 50 g Maisgrieß (Polenta), 2 gestrichene Teelöffel Backpulver, 1 gestrichenen Teelöffel Salz und 1 Teelöffel getrocknete Kräuter der Provence in einer Rührschüssel vermischen. 50 g Buttermilch, 2 Eier (Größe M) und 100 ml Olivenöl dazugeben, mit einem Mixer (Rührstäbe) unterrühren. 30 g abgetropfte Kapern, zwei Drittel der Thunfischstücke und zwei Drittel der Olivenscheiben kurz unter den Teig rühren. Den Teig in eine Tarteform (Ø 26–28 cm, gefettet, mit Semmelbröseln ausgestreut) geben und glatt streichen. Restliche Olivenscheiben darauf verteilen. Die Form auf dem Rost in den vorgeheizten Backofen schieben. Die Tarte **etwa 35 Minuten backen.** Die Form auf einen Kuchenrost stellen. Den restlichen Thunfisch auf der Tarte verteilen. Die Tarte in der Form erkalten lassen.

Lieblingsrezept Nr.

# 31

# QUICHE LORRAINE MIT RÄUCHERTOFU

Zubereitungszeit: 40 Minuten
Kühlzeit: etwa 30 Minuten
Backzeit: etwa 40 Minuten
Vegetarisch

**ZUTATEN FÜR 12 STÜCKE**

**Für den Knetteig:**

250 g Weizenvollkornmehl
1 geh. Msp. Backpulver
125 g Margarine (zimmerwarm)
1 Ei (Größe M)
2 EL kaltes Wasser
1 Prise Salz

**Für den Belag:**

175 g Räuchertofu (aus dem Kühlregal)
1 ½ EL Speiseöl
4 Eier (Größe M)
100 g ger. Gouda
200 g Schlagsahne
½ gestr. TL Salz
gem. Pfeffer
ger. Muskatnuss

**Nach Belieben:**

2 EL abgezupfte Kräuterblättchen (z. B. glatte Petersilie)

**Pro Stück:**

E: 10 g, F: 21 g, Kh: 14 g
kcal: 286

1. Für den Teig Mehl mit Backpulver in einer Rührschüssel mischen. Margarine, Ei, Wasser und Salz hinzufügen. Die Zutaten mit dem Mixer (Knethaken) zunächst kurz auf niedrigster, dann auf höchster Stufe gut durcharbeiten. Anschließend auf einer leicht bemehlten Arbeitsfläche kurz zu einem Teig verkneten. Sollte er kleben, einfach in Frischhaltefolie wickeln und etwa 30 Minuten in den Kühlschrank legen.

2. Den Backofen vorheizen.
Ober-/Unterhitze: etwa 200 °C
Heißluft: etwa 180 °C

3. Zwei Drittel des Teiges auf einer leicht bemehlten Arbeitsfläche zu einer runden Platte (Ø 26 cm) ausrollen und in eine Spring- oder Tarteform (Ø 26 cm, Boden und Rand gefettet) legen und andrücken.

4. Restlichen Teig zu zwei Rollen (je etwa 36 cm lang) formen, auf den Teigboden legen und so an den Formrand drücken, dass ein 2–2 ½ cm hoher Rand entsteht. Teigboden mit einer Gabel mehrmals einstechen.

5. Die Form auf dem Rost in den vorgeheizten Backofen schieben. Den Boden etwa 15 Minuten vorbacken.

6. In der Zwischenzeit für den Belag den Räuchertofu in kleine Würfel schneiden. Speiseöl in einer Pfanne erhitzen. Die Tofuwürfel darin bei starker Hitze unter gelegentlichem Rühren in etwa 5 Minuten braun anbraten. Tofuwürfel aus der Pfanne nehmen und auf einem Teller abkühlen lassen.

7. Eier in einer Rührschüssel aufschlagen. Käse, Sahne und Tofuwürfel unterrühren. Kräftig mit Salz, Pfeffer und Muskat würzen. Die Tofu-Eier-Masse auf dem vorgebackenen Boden verstreichen.

8. Die Form wieder auf dem Rost in den heißen Backofen schieben. Die Quiche bei gleicher Backofentemperatur in weiteren etwa 25 Minuten fertig backen.

9. Die Form auf einen Kuchenrost stellen. Die Quiche nach etwa 3 Minuten vorsichtig mit einem Messer aus der Form lösen und auf eine Tortenplatte legen. Die noch warme Quiche in 12 Stücke schneiden und nach Belieben mit abgespülten, trocken getupften Kräuterblättchen garnieren.

**TIPP:**

Die Quiche ist ideal zum Vorbereiten und Mitnehmen fürs Picknick. Dafür die abgekühlte Quiche (vom Vortag) in Stücke schneiden und unterwegs kalt genießen.

Lieblingsrezept Nr.

32

# RATATOUILLE-QUICHE

Zubereitungszeit: 45 Minuten
Teiggeh-/Ruhezeit: etwa 30 Minuten
Backzeit: 35–40 Minuten
Vegetarisch

## ZUTATEN FÜR 8 STÜCKE

**Für den Hefeteig:**

- 250 g Weizenmehl
- ¼ gestr. TL Salz
- 21 g frische Hefe
- 150 ml lauwarmes Wasser
- 2 EL Olivenöl

**Für den Belag:**

- 250 g Aubergine
- 200 g Zucchini
- je 1 rote und gelbe Paprikaschote
- 1 weiße Zwiebel
- 2 Knoblauchzehen
- 300 g Cocktailtomaten
- 2 EL Olivenöl
- 80 g abgetropfte schwarze Oliven, entsteint
- 3 TL TK- Kräuter der Provence
- Salz, gem. Pfeffer
- 1 TL abger. Schale von 1 Bio-Zitrone (unbehandelt, ungewachst)

**Für den Guss:**

- 2 Eier (Größe M)
- 200 g Schmand (Sauerrahm)
- 2 EL Semmelbrösel
- 150 g abgetropfte Mini-Mozzarella-Kugeln

**Pro Stück:**

E: 11 g, F: 18 g, Kh: 30 g
kcal: 330

**1.** Für den Teig Mehl mit Salz in eine Rührschüssel geben und in die Mitte eine Vertiefung eindrücken. Die Hefe hineinbröckeln, Wasser und Olivenöl hinzugeben. Die Zutaten mit einem Mixer (Knethaken) kurz auf niedrigster, dann auf höchster Stufe in etwa 5 Minuten zu einem glatten, elastischen Teig verarbeiten. Den Teig zugedeckt so lange an einem warmen Ort gehen lassen, bis er sich sichtbar vergrößert hat, etwa 30 Minuten.

**2.** Für den Belag die Aubergine und Zucchini abspülen, abtrocknen und die Stängelansätze bzw. Enden abschneiden. Aubergine und Zucchini in etwa 2 cm große Würfel schneiden. Paprikaschoten halbieren, entstielen, entkernen, die weißen Scheidewände entfernen und die Haut mit einem Sparschäler entfernen. Paprikahälften in etwa 1 ½ cm große Stücke schneiden. Zwiebel und Knoblauch abziehen, klein würfeln. Tomaten abspülen, abtrocknen und die Stängelansätze entfernen. Tomaten halbieren.

**3.** Den Backofen vorheizen.
Ober-/Unterhitze: etwa 200 °C
Heißluft: etwa 180 °C

**4.** Olivenöl in einer Pfanne erhitzen. Die Auberginenwürfel darin bei starker Hitze etwa 2 Minuten braten. Paprikastücke, Zucchiniwürfel, Zwiebel- und Knoblauchwürfel hinzugeben und bei mittlerer Hitze etwa 4 Minuten mitbraten. Tomatenhälften, Oliven und Kräuter unterheben. Mit Salz, Pfeffer, Zitronenschale und -saft abschmecken. Die Pfanne von der Kochstelle nehmen.

**5.** Für den Guss Eier und Schmand verschlagen.

**6.** Den gegangenen Teig leicht mit Mehl bestäuben, aus der Schüssel nehmen und auf einer bemehlten Arbeitsfläche nochmals kurz durchkneten. Den Teig zu einem runden, etwa 2 cm dicken Fladen formen. In eine Quiche- oder Tarteform (Ø 28 cm, gefettet) legen, mit bemehlten Händen darin verteilen und einen Teigrand hochziehen. Den Teig mit Semmelbröseln bestreuen. Das vorbereitete Gemüse darauf verteilen, Mozzarella-Kugeln in die Zwischenräume geben. Mit dem Eierguss übergießen.

**7.** Die Form auf dem Rost in den vorgeheizten Backofen schieben. Die Quiche **35–40 Minuten backen.**

**8.** Die Form auf einen Kuchenrost stellen. Die Quiche auf dem Kuchenrost etwas abkühlen lassen. Dann in Stücke schneiden und mit den Basilikumblättchen garnieren. Die Ratatouille-Quiche heiß oder lauwarm servieren.

Lieblingsrezept Nr.
33

# SELLERIE-NUSS-TARTE

Zubereitungszeit: 50 Minuten
Kühlzeit: etwa 30 Minuten
Backzeit: etwa 35–40 Minuten
Vegan

**ZUTATEN FÜR 16 STÜCKE**

**Für den Knetteig:**

225 g Weizenmehl
1 gestr. TL Backpulver
1 Prise Salz
1 Prise Zucker
80 ml Speiseöl
80 ml lauwarmes Wasser
etwas vegane Margarine für die Form

**Für die Füllung:**

750 g Knollensellerie (vorbereitet gewogen etwa 400 g)
3 EL Olivenöl
3 EL Zitronensaft
100 ml Wasser
3 Salbeiblättchen
Salz
gem. Pfeffer
1 Stange Lauch (etwa 200 g)
100 ml Pflanzencreme zum Kochen
20 g Kichererbsenmehl
evtl. etwa ½ TL gem. Kurkuma (Gelbwurz)
1 Fleischtomate (etwa 200 g)
100 g Pekan- oder Walnusskernhälften
100 g vegane Feta-Alternative
3 EL Olivenöl zum Beträufeln

**Pro Portion:**

E: 15 g, F: 59 g, Kh: 57 g
kcal: 817

**1.** Für den Teig Mehl mit Backpulver, Salz und Zucker in einer Rührschüssel mischen. Speiseöl mit 80 ml warmem Wasser verschlagen, zur Mehlmischung geben und mit einem Mixer (Knethaken) zunächst kurz auf niedrigster, dann auf höchster Stufe kurz zu einem glatten Teig verkneten. Den Teig auf einer leicht bemehlten Arbeitsfläche zu einer runden Platte (Ø 28–30 cm) ausrollen. Die Teigplatte in eine Tarte- oder Springform (Ø 26 cm, gefettet oder mit Backpapier belegt) legen und dabei einen kleinen Rand formen. Den Teig mit einer Gabel mehrmals einstechen. Die Form etwa 30 Minuten in den Kühlschrank stellen.

**2.** Für die Füllung Sellerie putzen, schälen, abspülen und abtropfen lassen. Den Sellerie halbieren und in etwa 3 cm große Stücke schneiden. 2 Esslöffel Olivenöl in einem Topf erhitzen. Die Selleriestücke darin unter Rühren etwa 2 Minuten andünsten. Mit Zitronensaft und Wasser ablöschen. Abgespülte, trocken getupfte Salbeiblättchen hinzugeben, mit Salz und Pfeffer würzen. Selleriestücke zugedeckt in etwa 15 Minuten sehr weich dünsten.

**3.** Lauch putzen, die Stange längs halbieren, gründlich waschen und abtropfen lassen. Lauch fein würfeln. Restliches Olivenöl in einer Pfanne erhitzen, die Lauchwürfel darin kurz andünsten. Mit Salz und Pfeffer würzen.

**4.** Gegarte Selleriestücke in einem Sieb abtropfen lassen. Mit Pflanzencreme in einen hohen Rührbecher geben und mit dem Stabmixer fein pürieren. Kichererbsenmehl, Salz, Pfeffer und nach Belieben Kurkuma unterrühren. Lauch unter das Püree heben.

**5.** Den Backofen vorheizen.
Ober-/Unterhitze: etwa 220 °C
Heißluft: etwa 200 °C

**6.** Die Gemüsecreme auf dem Teig verteilen und glatt streichen. Tomate abspülen, trocken tupfen, halbieren und den Stängelansatz entfernen. Tomate in feine Würfel schneiden. Etwa die Hälfte der Nusskerne hacken. Feta-Alternative zerbröseln. Die gesamten Nusskerne, Tomatenwürfel und Feta-Alternative auf der Tarte verteilen.Mit Salz und Pfeffer würzen. Mit Olivenöl beträufeln.

**7.** Die Form auf dem Rost in den vorgeheizten Backofen (unterste Einschubleiste) schieben. Die Tarte **in 35–40 Minuten knusprig und goldbraun backen.**

Lieblingsrezept Nr.

# 34

# SOMMERGEMÜSE-TARTE

Zubereitungszeit: 10 Minuten
Backzeit: etwa 25 Minuten
Vegetarisch

**ZUTATEN FÜR 4 PORTIONEN**

- 300 g Tarte- oder Quicheteig (Kühlregal, rund ausgerollt Ø 32 cm)
- 2 große Zucchini (etwa 500 g)
- Salz
- gem. Pfeffer
- 1 TL getrocknete Kräuter der Provence
- 3 EL Olivenöl
- 220 g abgetropfte, vorgegarte Rote-Bete-Knollen (aus dem Glas)
- 125 g milder Ziegenfrischkäse oder cremiger Schafskäse
- 2 Eier (Größe M)
- 100 g Schlagsahne (mind. 30 % Fett)
- 1 TL Knoblauchwürfel (TK oder frisch)
- 40 g ger. Parmesan

**Pro Portion:**

E: 18 g, F: 44 g, Kh: 41 g
kcal: 642

**1.** Den Backofen vorheizen.
Ober-/Unterhitze: etwa 200 °C
Heißluft: etwa 180 °C

**2.** Eine Tarte- oder Springform (Ø 28 cm) mit dem Teig mit dem Papier auslegen, dabei den Teig am Rand hochdrücken. Über die Form stehendes Papier abschneiden. Zucchini abspülen, abtrocknen und die Enden abschneiden. Zucchini mit dem Gemüsehobel nicht zu fein hobeln. Zucchini mit etwas Salz, Pfeffer, den getrockneten Kräutern und Olivenöl mischen.

**3.** Die Rote-Bete-Knollen mittig auf dem Teig verteilen, evtl. größere Knollen halbieren. Die Zucchinischeiben als Rand darumlegen.

**4.** Ziegenfrischkäse oder Schafskäse mit Eiern, Sahne, Knoblauchwürfeln, Salz und Pfeffer verschlagen und auf den Gemüsebelag träufeln. Mit Parmesan bestreuen.

**5.** Die Form auf dem Rost in den vorgeheizten Backofen (unterste Einschubleiste) schieben. Die Tarte **in etwa 25 Minuten goldbraun backen.**

**TIPP:**

Mit noch weniger Handgriffen ist die Tarte im Backofen, wenn Sie statt Zucchini etwa 350 g TK-Erbsen verwenden. Die Erbsen in ein Sieb geben, mit heißem Wasser abspülen, gut abtropfen lassen. Rote-Bete-Knollen und Erbsen auf dem Teig verteilen und wie beschrieben backen.

Lieblingsrezept Nr.

# 35

# SPARGEL-RICOTTA-TARTE VOM BLECH

Zubereitungszeit: 55 Minuten,
Teiggeh-/Ruhezeit:
Backzeit: 30–35 Minuten
Vegetarisch

**ZUTATEN FÜR 4–6 PORTIONEN**

- 400 g Weizenmehl
- 170 g kalte Butter
- 100 ml Wasser
- 5 Eier (Größe M)
- 3 gestr. TL Salz
- je 750 g weißer und grüner Spargel
- Saft und abger. Schale von 1 Bio-Zitrone (unbehandelt, ungewachst)
- 2 Stängel Rosmarin
- 2 Frühlingszwiebeln
- 250 g Ricotta (ital. Frischkäse)
- 100 g Schmand (Sauerrahm)
- 2 geh. TL süßer Senf
- 2 TL Speisestärke
- Salz
- gem. Pfeffer
- 1 Prise Pimentpulver

**Pro Portion:**
E: 34 g, F: 53 g, Kh: 84 g
kcal: 960

**1.** Mehl in eine Rührschüssel geben. 150 g Butter in kleinen Stücken hinzufügen. Alles mit den Händen zerkrümeln. Wasser mit 1 Ei und 2 Teelöffel Salz verschlagen und zu den Mehl-Butter-Krümeln dazugeben. Die Zutaten rasch zu einem weichen Teig vermengen. Den Teig flach drücken und in Frischhaltefolie verpackt etwa 1 Stunde in den Kühlschrank legen.

**2.** Spargel abspülen und abtropfen lassen. Den weißen Spargel von oben nach unten schälen. Darauf achten, dass die Schalen vollständig entfernt, die Köpfe aber nicht verletzt werden. Von dem grünen Spargel nur das untere Drittel schälen. Bei allen Stangen die Enden abschneiden. Beide Spargelsorten zur Hälfte durchschneiden. Die Hälften mit den Spargelspitzen beiseitelegen. Die unteren Hälften nochmals halbieren.

**3.** Wasser etwa 2 cm hoch in einen großen, flachen Topf füllen. Restliches Salz, Zitronensaft, restliche Butter sowie Spargelstücke ohne die Spargelspitzen in den Topf geben und zum Kochen bringen. Spargelstücke zugedeckt etwa 8 Minuten kochen. Nach etwa 4 Minuten die Spargelspitzen hinzufügen. Spargel mit einer Schaumkelle behutsam aus dem Topf heben und gut abtropfen lassen.

**4.** Den Backofen vorheizen.
Ober-/Unterhitze: 180 °C
Heißluft: 160 °C

**5.** Rosmarin abspülen, trocken tupfen und die Nadeln von den Stängeln zupfen. Die Nadeln grob hacken. Frühlingszwiebeln putzen, abspülen, abtropfen lassen und schräg in Scheiben schneiden. Rosmarin und Frühlingszwiebeln mit den restlichen Eiern, Ricotta, Schmand, süßem Senf, Stärke und Zitronenschale verrühren. Den Guss mit Salz, Pfeffer und Pimentpulver abschmecken.

**6.** Teig auf einer bemehlten Arbeitsfläche etwas größer als die Blechgröße ausrollen. Den Teig so auf ein Backblech (gefettet) legen, dass der Teig an den Rändern hoch steht. Den Teig mehrmals mit der Gabel einstechen.

**7.** Spargelstücke auf dem Teig verteilen und den Guss darübergeben. Die Spargelspitzen leicht andrücken.

**8.** Das Backblech in den vorgeheizten Backofen schieben (unteres Drittel) und die Tarte **30–35 Minuten backen.**

Lieblingsrezept Nr.

# 36

# SPINAT-QUICHE

Zubereitungszeit: 50 Minuten, ohne Auftauzeit
Kühlzeit: 1–2 Stunden
Backzeit: etwa 60 Minuten
Vegan

## ZUTATEN FÜR 12 STÜCKE

**Zum Vorbereiten:**

600 g TK-Blattspinat

**Für den Teig:**

50 g Polenta (Maisgrieß)
250 g Weizenmehl (Type 550)
Salz
gem. Pfeffer
125 g vegane Margarine
2–3 EL kaltes Wasser

**Für die Füllung:**

2 kleine Zwiebeln
2 Knoblauchzehen
4 EL Olivenöl
25 g Sojamehl (getoastet)
100 ml ungesüßter Haferdrink (natur)
400 g Seidentofu
175 g Räuchertofu
200 g Tofu (natur)
1 EL Polenta (Maisgrieß)
1–2 Msp. ger. Muskatnuss

**Pro Stück:**

E: 13 g, F: 16 g, Kh: 22 g
kcal: 290

1. Zum Vorbereiten den Spinat nach Packungsanleitung auftauen lassen.

2. Für den Teig Polenta mit Mehl, 1 Teelöffel Salz und 1 Prise Pfeffer in einer Rührschüssel mischen. Margarine in Flöckchen hinzugeben. Die Zutaten mit einem Mixer (Knethaken) zunächst kurz auf niedrigster, dann auf höchster Stufe gut durcharbeiten. Wasser hinzugeben und dann auf der leicht bemehlten Arbeitsfläche kurz zu einer Teigkugel verkneten. Die Teigkugel in Frischhaltefolie wickeln und 1–2 Stunden in den Kühlschrank legen.

3. Zwei Drittel des Teiges auf dem Boden einer Springform (Ø 26 cm, Boden gefettet) ausrollen. Den Springformrand darumstellen. Restlichen Teig zu einer langen Rolle formen, auf den Teigboden legen und so an die Form drücken, dass ein etwa 4 cm hoher Rand entsteht.

4. Für die Füllung Zwiebeln und Knoblauch abziehen und fein würfeln. Olivenöl in einer Pfanne erhitzen. Zwiebel- und Knoblauchwürfel darin unter Rühren goldgelb dünsten, Sojamehl unter Rühren anschwitzen. Den Haferdrink ebenfalls unterrühren. Die Zutaten unter Rühren aufkochen, dabei darauf achten, dass keine Klümpchen entstehen. Dann die Zwiebelmischung beiseitestellen.

5. Den Backofen vorheizen.
Ober-/Unterhitze: etwa 180 °C
Heißluft: etwa 160 °C

6. Aufgetauten Spinat in einem Sieb sehr gut abtropfen lassen. Seidentofu in einem hohen Rührbecher mit dem Stabmixer pürieren. Räuchertofu und Tofu mit den Händen zerbröseln, in eine Schüssel geben. Spinat etwas kleiner schneiden, mit allen Tofusorten, beiseitegestellter Zwiebelmischung und Polenta vermengen.

7. Die Füllung mit 1–2 Teelöffeln Salz, Pfeffer und Muskat kräftig würzen, dann gleichmäßig in der Springform verteilen.

8. Die Form auf dem Rost in den vorgeheizten Backofen (unteres Drittel) schieben. Die Spinat-Quiche **etwa 60 Minuten backen.**

9. Die Form auf einen Kuchenrost stellen. Quiche etwas abkühlen lassen. Dann den Springformrand lösen und entfernen. Quiche lauwarm servieren.

Lieblingsrezept Nr.

# 37

# SPIRAL-GEMÜSE-QUICHE

Zubereitungszeit: 55 Minuten
Backzeit: 45–50 Minuten
Vegetarisch

**ZUTATEN FÜR 12 STÜCKE**

**Für den Teig:**

125 g Butter (zimmerwarm)
150 g Weizenmehl
50 g ger. Cheddar
Salz

**Für die Füllung:**

4 große Möhren
12 Baby-Zucchini
1 rote Zwiebel
1 Knoblauchzehe
1 EL mittelscharfer Senf
2 EL Schnittlauchröllchen
250 g Sour Cream
250 g Schlagsahne (mid. 30 % Fett)
4 Eier (Größe L)
125 g ger. Cheddar
Salz
gem. Pfeffer

**Zum Garnieren:**

etwas frische Petersilie

**Pro Stück:**

E: 12 g, F: 29 g, Kh: 16 g
kcal: 368

**1.** Den Backofen vorheizen.
Ober-/Unterhitze: etwa 180 °C
Heißluft: etwa 160 °C

**2.** Für den Teig die Butter mit dem Mehl in einer Rührschüssel zwischen den Händen zerreiben. Dann Käse und etwas Salz hinzugeben und alles zu einem Teig verkneten. Den Teig auf dem Boden einer Springform (Ø 24 cm, gefettet, mit Backpapier belegt) verteilen und mit einem Löffelrücken oder leicht bemehlten Händen zu einem Boden andrücken, dabei einen kleinen Rand formen.

**3.** Für die Füllung die Möhren putzen, schälen, abspülen, abtropfen lassen und längs in dünne Scheiben hobeln. Zucchini abspülen, abtrocknen und die Enden abschneiden. Zucchini in dünne Scheiben hobeln. Zwiebel und Knoblauch abziehen, Zwiebel achteln und in einzelne Blätter teilen. Knoblauch fein würfeln. Möhren und Zucchini im Kreis hochkant in der Form auslegen. Die Zwiebelblättchen darauf verteilen.

**4.** Knoblauchwürfel, Senf, Schnittlauchröllchen, Sour Cream, Sahne, Eier und Käse verrühren, mit Salz und Pfeffer würzen und das Gemüse damit übergießen.

**5.** Die Form auf dem Rost in den vorgeheizten Backofen (unteres Drittel) schieben. Die Quiche **45–50 Minuten backen.**

**6.** Die Gemüse-Quiche aus der Form lösen, leicht abkühlen lassen und in Stücke geschnitten servieren.

Lieblingsrezept Nr.
38

# STEINPILZ-MINITARTES

Zubereitungszeit: 60 Minuten
Kühlzeit: 1 ½ Stunden
Backzeit: etwa 40 Minuten

## ZUTATEN FÜR 8 STÜCK

**Für den Teig:**

- 200 g Weizenmehl
- Salz
- 90 g Butter (kalt)
- 1 Ei (Größe M)
- 1 EL kaltes Wasser

**Für den Belag:**

- 1 Zwiebel (etwa 35 g)
- 400 g Steinpilze
- 3 EL Olivenöl
- 60 g getrocknete Feigen
- 60 g Ziegenweichkäse-Taler, z. B. Picandou
- 1 Ei (Größe M)
- 80 g Schlagsahne (mind. 30 % Fett)
- gem. Pfeffer
- 4 Scheiben Bacon (Frühstücksspeck, etwa 70 g)
- 1 EL flüssiger Honig
- 2 EL vorbereitete frische Rosmarinnadeln

**Zusätzlich:**

- 8 kleine Tarteförmchen (Ø 9 cm)
- Hülsenfrüchte und Backpapier zum Blindbacken

**Pro Stück:**

E: 11 g, F: 26 g, Kh: 25 g
kcal: 379

**1.** Für den Teig Mehl mit etwas Salz in einer Rührschüssel mischen. Die Butter in kleine Würfel schneiden und dazugeben. Die Zutaten mit einem Mixer (Knethaken) zunächst kurz auf niedrigster, dann auf höchster Stufe zu einem leicht krümeligen Teig verkneten. Ei und Wasser hinzugeben. Die Zutaten kurz zu einem glatten Teig verkneten. Den Teig in Frischhaltefolie gewickelt mindestens 60 Minuten in den Kühlschrank legen.

**2.** In der Zwischenzeit die Zwiebel abziehen, halbieren und fein würfeln. Steinpilze putzen, in dünne Scheiben schneiden.

**3.** Das Olivenöl in einer Pfanne erhitzen. Die Zwiebelwürfel und Pilzscheiben darin unter Wenden etwa 3 Minuten braten, dabei mit Salz würzen. Die Pilz-Zwiebel-Mischung auf einen Teller geben und erkalten lassen. Die Feigen in kleine Würfel schneiden.

**4.** Den Teig auf der leicht bemehlten Arbeitsfläche etwa ½ cm dick ausrollen. Aus dem Teig 8 Kreise (Ø etwa 12 cm) ausstechen, in die Tarteförmchen (gefettet, bemehlt) legen. Den Teig leicht andrücken, den Rand gerade abschneiden. Teigboden mit einer Gabel mehrmals einstechen. Die Förmchen zugedeckt etwa 30 Minuten in den Kühlschrank stellen.

**5.** Den Käse zerbröseln und in eine Schüssel geben. Die Pilz-Zwiebel-Mischung und die Feigen hinzugeben und vermischen. Das Ei mit der Sahne verquirlen und mit Salz und Pfeffer würzen.

**6.** Den Backofen vorheizen.
Ober-/Unterhitze: etwa 180 °C
Heißluft: etwa 160 °C

**7.** Die Tarteförmchen mit Backpapier auslegen und mit Hülsenfrüchten beschweren. Die Förmchen auf dem Rost in den vorgeheizten Backofen schieben. Die Tartes etwa 15 Minuten vorbacken. Die Hülsenfrüchte und das Backpapier entfernen.

**8.** Die Pilz-Käse-Mischung in den Förmchen verteilen und die Eier-Sahne darübergießen. Den Bacon mit dem Honig beträufeln und jede Scheibe halbieren. Bacon mit der Honigseite nach oben auf die Tartes legen.

**9.** Die Förmchen wieder auf dem Rost in den heißen Backofen (unterste Schiene) schieben. Die Tartes bei gleicher Backofentemperatur **in 22–25 Minuten goldbraun backen.**

**10.** Rosmarin fein schneiden. Die Förmchen auf einen Kuchenrost stellen, mit Rosmarin bestreuen, leicht abkühlen lassen und aus der Form nehmen. Die Steinpilz-Tartes warm oder kalt servieren.

Lieblingsrezept Nr.

# 39

# ZWIEBELKUCHEN

Zubereitungszeit: 25 Minuten
Teiggeh-/Ruhezeit:
etwa 30 Minuten
Backzeit: etwa 35 Minuten

**ZUTATEN FÜR 4 PORTIONEN**

**Für den Teig:**

- 250 g Weizenmehl (Type 550)
- 1 Pck. Trockenbackhefe
- ½ TL Zucker
- 1 gestr. TL Salz
- 3 EL Rapsöl
- 150 ml lauwarmes Wasser

**Für den Belag:**

- 1 kg Gemüsezwiebeln
- 100 g durchwachsener Speck
- 2 EL Butter
- Salz
- gem. Pfeffer
- 1 TL Kümmelsamen
- 1 EL klein geschnittene Petersilie
- 3 EL Rapsöl

**Pro Portion:**

E: 11 g, F: 38 g, Kh: 56 g
kcal: 633

**1.** Für den Teig Mehl in eine Rührschüssel geben und mit der Trockenbackhefe sorgfältig vermischen. Zucker, Salz, Rapsöl und Wasser hinzufügen. Die Zutaten mit einem Mixer (Rührstäbe) zunächst kurz auf niedrigster, dann auf höchster Stufe zu einem glatten Teig verarbeiten.

**2.** Den Teig so lange an einem warmen Ort gehen lassen, bis er sich sichtbar vergrößert hat, etwa 30 Minuten.

**3.** Für den Belag Zwiebeln abziehen, halbieren und in Streifen schneiden. Speck in feine Streifen schneiden. Die Butter in einem großen Topf zerlassen. Die Zwiebelstreifen darin knapp gar dünsten, mit Salz, Pfeffer und Kümmel würzen.

**4.** Speckstreifen und Petersilie unter die Zwiebeln rühren.

**5.** Den Backofen vorheizen.
Ober-/Unterhitze: etwa 180 °C
Heißluft: etwa 160 °C

**6.** Den gegangenen Teig nochmals kurz durchkneten, dann auf einer bemehlten Arbeitsfläche zu einer runden Platte (Ø etwa 30 cm) ausrollen. Den Teig in eine Springform (Ø 28 cm, gefettet) legen, dabei einen etwa 2 cm hohen Rand formen.

**7.** Die Zwiebel-Speck-Masse darauf verteilen und mit dem Rapsöl bestreichen. Die Form auf dem Rost in den vorgeheizten Backofen schieben. Den Zwiebelkuchen **etwa 35 Minuten backen.**

**8.** Das Backblech auf einen Kuchenrost stellen. Den Zwiebelkuchen erkalten lassen.

**TIPP:**

Der Zwiebelkuchen schmeckt frisch am besten.

Lieblingsrezept Nr.

# 40

# ALPHABETISCHES REGISTER

# KAPITELREGISTER

# IMPRESSUM


## HINTER JEDEM TOLLEN BUCH STECKT EIN STARKES TEAM

Projektleitung: *Karin Boonk*
Redaktion: *Annette Riesenberg*
Korrektorat: *Regina Rautenberg, Nützen*
Nährwertberechnungen: *Nutri Service, Hennef; Angelika Ilies, Langen*
Gestaltungskonzept: *seidldesign.com, Wolfgang Seidl, Stuttgart*
Satz: *MDH Haselhorst, Bielefeld*
Titelgestaltung: *Büro 18, Friedberg/Bayern*
Herstellung: *Frank Jansen*
Producing: *Jan Russok*
Druck & Bindung: *optimal media GmbH, Röbel*




## UNSER VERLAGSHAUS

Mit Standorten in München, Hamburg und Berlin zählt die Edel Verlagsgruppe zu den größten unabhängigen Buchanbietern Deutschlands. Zur Edel Verlagsgruppe gehört unter anderem ZS mit seinen Lizenzmarken Dr. Oetker Verlag, Kochen & Genießen und Phaidon by ZS.

**Die Bücher und E-Books unter der Marke Dr. Oetker Verlag erscheinen als Lizenz in der Edel Verlagsgruppe GmbH**
**www.oetker-verlag.de**
**www.facebook.com/Dr.OetkerVerlag**
**www.instagram.com/Dr.OetkerVerlag**

## LIEBE LESERINNEN, LIEBE LESER,

seit 130 Jahren gibt es Dr. Oetker Bücher, viele davon sind seit Jahrzehnten im Programm. Mit jedem Buch, mit jeder Aktualisierung eines unserer Klassiker erfinden wir uns neu. Was bleibt, ist immer der Kern unserer Bücher: praktisch müssen sie sein und funktionieren muss alles. Gerne auch mal den einen oder anderen Kniff anbieten, den Sie vielleicht noch nicht kannten. Deshalb kommen Ihnen die Dr. Oetker Bücher so modern und frisch und doch so vertraut vor.

Viel Spaß und viel Erfolg wünschen wir Ihnen
auch mit diesem Buch.
Ihre Dr. Oetker Verlagsredaktion


1. Auflage 2022



Kaiserstraße 14 b
D-80801 München
ISBN: 978-3-7670-1866-2


## BILDNACHWEIS

**Titelfoto:**
StockFood / Great Stock!

**Foodfotografie:**
Studio Diercks Media GmbH
(Kai Boxhammer, Silje Paul), Hamburg:
S. 19, 23, 25, 31, 37, 47, 51, 53, 55, 57, 63, 65, 67, 79, 85
Fotostudio Eising, München:
S. 4, 5, 31, 45, 69
Kramp+Gölling, Reeßum:
S. 11, 35, 49, 59, 73, 75
Nicole Stich, München:
S. 27, 29
Antje Plewinski, Berlin:
S. 9, 15, 17, 21, 61, 71, 83
Anke Politt, Hamburg:
S. 13, 43
StockFood Studios/Andreas Hantschke:
S. 7, 33, 39, 77